本格あんこが作れる本

だれでもできる、和菓子屋の味

大須賀麻由美

世界文化社

はじめに

ようこそ、あんこの世界へ！

昔から多くの人に親しまれてきたあんこ。その種類はさまざまですが、あなたはどんなあんこが好きですか？　小豆あん、白あん、こしあん、粒あん、甘みのしっかりしたあん、甘さ控えめのあん、さらさらのあん、こっくりしたあん――、ひと口にあんこと言っても実に多彩な味わいがあります。

あんは、そのどれもが豆・水・砂糖というシンプルな材料でつくられています。それゆえに、材料の選び方やつくり方でさまざまなバリエーションが楽しめる、というのもあんこをつくる魅力です。たとえば、使う豆を変えるだけで、味や食感が変わります。また、砂糖の種類や量を調整することで、自分好みの甘さに仕上げることもできます。

本書では、和菓子屋さんのあんこのつくり方から広くご家庭で一般につくられているあんこのつくり方まで幅広くご紹介しています。和菓子屋さんのあんこは時間と手間がかかりますが、その過程ひとつひとつが美味しさにつながっています。

時間があいたとき、豆をじっくり煮込みながら、ゆったりとした時間を過ごしてみてはいかがでしょうか？　また反対に、忙しい日や疲れたときには短時間でつくれる簡単なあんこづくりでほっこりした時間を過ごしてみるのもいいかもしれません。火にかけたお鍋から聞こえてくる、豆が炊ける、素材の音に耳を澄ませるのも心和むものです。

手づくりのあんこの魅力は、自分が好みに合わせた食感や味にできること。どんな豆を選び、どんな砂糖を使うか、どのくらいの時間でつくるか。

基本のつくり方をマスターされたら、好きに組み合わせて自分だけのあんこをつくってみてください。
そして、できたあんこはそのまま召し上がるだけでなく、和菓子はもちろんのことパンや洋菓子など、枠にとらわれず幅広く使いましょう。さまざまな食材、意外な食材と組み合わせると、新しい味わいが発見できる、その楽しさも体験していただければと思います。
ここでご紹介したあんづくりを通じて、皆さまが楽しい時間を過ごし、手づくりの美味しさを存分に味わってくだされぱと思います。あんこが好きな方も、あんこがちょっと苦手な方も、この本をきっかけに新たなあんこの世界を楽しんでいただけることを願っています。

大須賀麻由美

和菓子職人、パティシエ、ブーランジュリー。東京・赤坂の日本料理割烹店に生まれる。慶應義塾大学法学部法律学科卒業。会社員を経て、製菓製パン業界に転身。アレルギーの人が食べられる食材を探す中で和菓子の魅力を再認識し、和菓子の世界に入る。都内老舗和菓子店での修業を経て、独立。個別注文によるオーダーメイドの和菓子づくりのほか、和のお菓子教室、講演、イベントなど幅広く活躍中。2022年NPO法人日本伝統文化交流協会理事に就任、他の日本文化との積極的なコラボレーションを行う。

ヘア&メイク・遠藤芹菜

目次

この本の使い方

それぞれの過程にある豆の断面、全体の様子はイメージです。
同じひと粒の豆を取り上げたわけではありません。

（時計マーク）は経過時間を示しています

粒あん・こしあん共通

小豆をゆでる

1日目

鍋を洗う

鍋に酢大さじ1をたらし、塩小さじ1を入れる。

たわしでごしごしと洗う。水洗いをし、空炊きして乾かす。

小豆を洗う

分量の小豆を計り、ザルにあけ、流水で洗う。

One Point ワンポイントアドバイス

銅鍋は酸化しやすいため、作業前に必ず洗いましょう。

豆についたほこりをやさしく払う程度に洗います。

12

1日目

0分

下煮 30分 小豆の下煮をする

銅鍋に小豆を入れる。

小豆の3センチ上くらいまでの水を入れ、中～強火にかける。

3分

沸騰したら中火にしてびっくり水（差し水）を注ぐ

沸騰したらびっくり水を注ぎ、沸騰をおさめる。

びっくり水1回目を入れたときの煮汁。

豆にストレスを与えないように、豆と温度差のない常温の水でゆで始めます。小豆200グラムに対して水400mℓがひとつの目安です。

びっくり水を差し始めて、火を止めるまでは、鍋の前から離れないでください。豆の様子が変化するのを注視しましょう。

びっくり水を入れることで、一度全体の温度が40度くらいに下がります。びっくり水の1度の分量は1カップを目安に。鍋の大きさにより異なるので、沸騰がおさまる量と覚えてください。

13

ワンポイントアドバイスでは、失敗しないためのコツ、
その手順が必要な理由などをお伝えしています。

- 豆の種類や状態、鍋の大きさによって調理時間は異なりますので、目安として参照してください。
- 大さじ1は15mℓ、小さじ1は5mℓ、1カップは200mℓです。

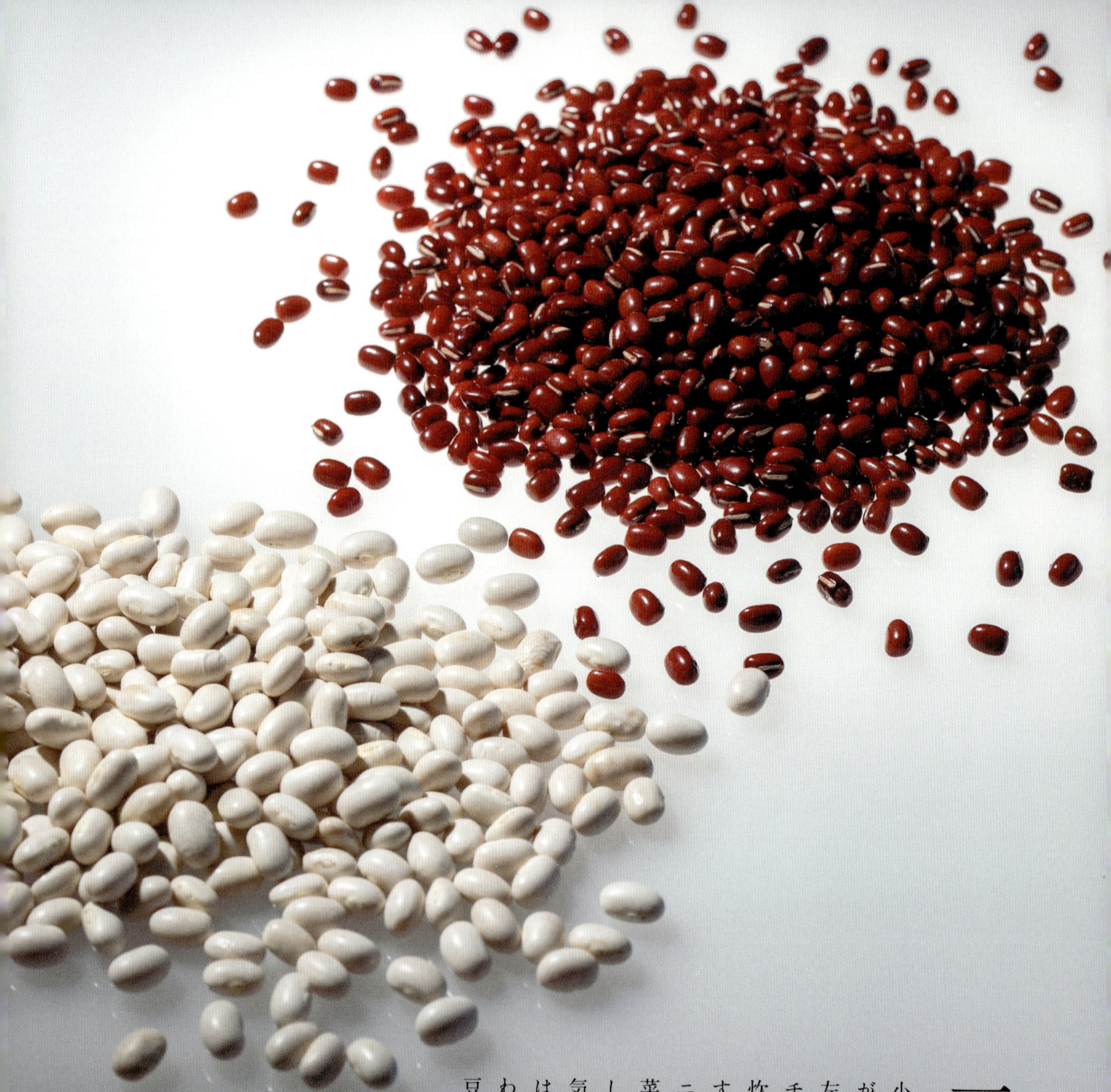

豆

小豆、手亡《てぼう》豆など豆類は、専門店で購入するのが一番おすすめ。豆の質があんの出来上がりを左右するといっても過言ではありません。キッチンにストックしておくのではなく、あんこを炊く都度に使う分だけ購入するのがベストです。どうしても保存する必要がある場合は、ビニール袋などに入れて空気を抜き、冷蔵庫の野菜室へ入れて、できるだけ早めに使い切りましょう。豆も農作物のひとつですから、毎年の気候条件や育った場所によって風味が変わるのは当然のこと。豆の状態によって煮る時間も変わってきますし、いくら煮ても火の通らない「石豆」も出てくるのも致し方のないことです。

砂糖

本書では、主としてザラメ糖（白ザラ糖）を使用しています。ショ糖の純度が高いザラメ糖は雑味も少なく、さっぱりとした甘さの上品な味わいに仕上がり、かつ小豆の風味や持ち味を引き出してくれます。ザラメ糖は水と合わせて、焦がさないように火を入れて蜜（シロップ）にしてから使いますが、その理由は主に3つ。ひとつは砂糖の粒子は溶けにくく、目視で溶けたと思ってもしっかり溶けていないことが多いため。ふたつ目は砂糖が溶けるまでやや時間がかかるので、直接入れると茶色く焼けてしまい、白あんなどが着色してしまう可能性があるため。3つ目の理由としては、甘みが浸透しやすいことがあります。

この本で使用する道具

鍋（径18センチ）

あんづくりのポイントともなる鍋は、赤銅製のボウル型（坊主鍋）がおすすめです。均等に火が入り、煮えむらや焦げつきもできにくいので、あんづくりに適しています。火が入りやすい＝短時間で豆が煮えるということです。底と側面が直角の鍋を使用する場合は、あんを練る際に角が焦げつきやすいので注意しましょう。赤銅の鍋がなければ、ステンレスの鍋を。ほうろうの鍋を使用すると、小豆の色素が沈着する可能性もあります。

＊銅鍋を使う際は、緑青の害を防ぐため、使用前には酢と塩で洗い、使用後は洗ってから空焚きをして乾かすことを心がけてください。

ザル

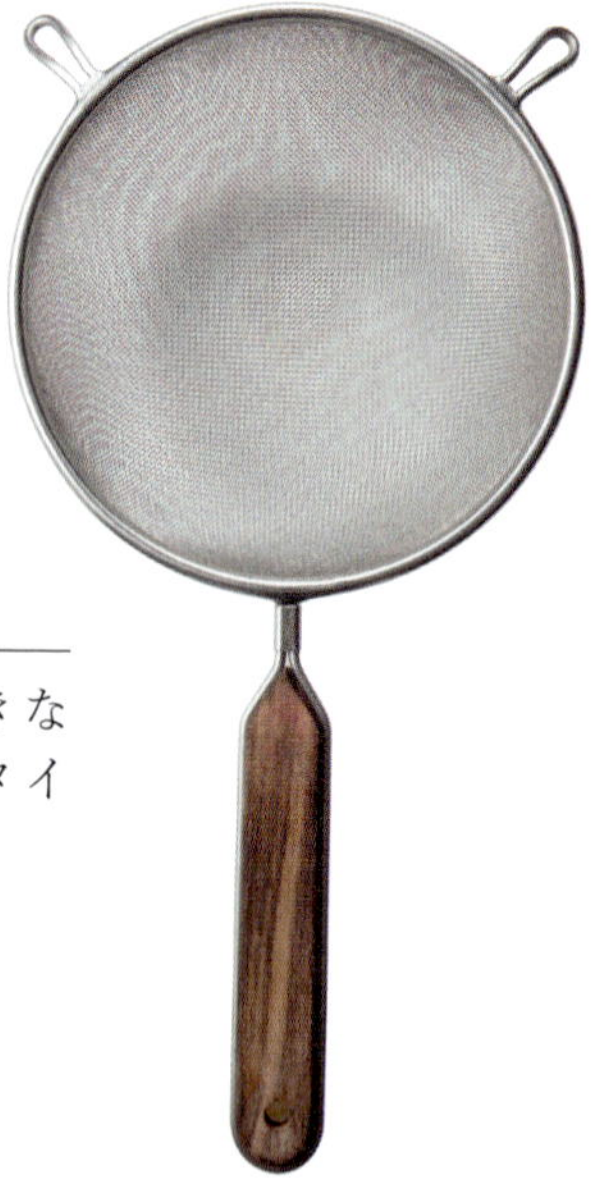

豆を洗う、水切りをするときなどに使用します。手つきのタイプが扱いやすいのでおすすめ。

濾し器3種（径20センチ）

こしあんにする過程で、濾し器の網目の大きさを変えて、3回濾します。最初の濾し器は目が3ミリくらいのメッシュタイプ、二回目に使用する濾し器は目が2ミリくらい、3回目には1ミリくらいのものを用意してください。ボウルの上にきれいにはまるサイズのものが扱いやすいです。3種を用意できない場合はできるだけ目の細かい濾し器だけでも。

目の大きさ

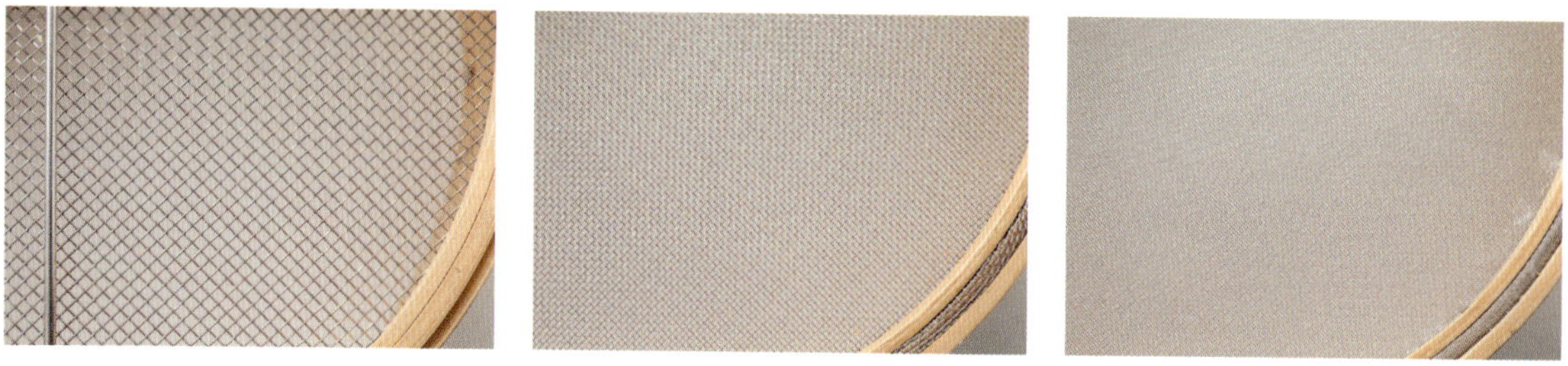

木べら（長さ30センチ）

粒あん、こしあんを練る上で欠かせません。こしあんを練り上げるときに鍋からあんが外に跳ねるので、火傷を防ぐために柄が長いものを選びましょう。

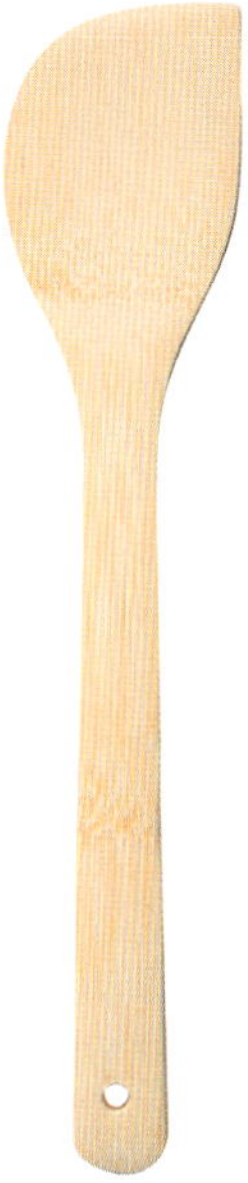

計量カップ

本書では1ℓサイズを使用しています。びっくり水（差し水）のときにも使うので、大きめのものを選べば、毎回のびっくり水も1個のカップ1回で済みます。

スプーン

豆の煮え具合を確認したり、固い豆を取り出すなど小回りのいる細かい作業に使います。

ゴムべら（長さ30センチ）

あんを練る作業はゴムべらを使用しても。やはり柄が長いほうが安心。

蓋

煮た豆を蒸らすときなどに必要です。

ミトン

こしあんを練る際、鍋から跳ねるあんで火傷しないよう、ミトンで防御します。

サランラップ、チャック付きポリ袋など

乾燥防止、冷蔵冷凍保存用に。

バット（深さ5×32×24センチ）

出来上がったあんを広げ、熱を取って冷ますために使用します。ある程度大きさのあるバットの方が熱も冷めやすく、使い勝手もいいです。

ボウル（径21センチ〜）

豆を洗う、濾すなどの作業のため、3個以上は用意しましょう。深めで、濾し器がすっぽりと収まる大きさがおすすめ。

スケール

素材の分量を計るだけでなく、出来上がった生あんの分量から砂糖の量を決めるなど、作業途中にも必要です。常に手元に置いておきましょう。

さらし布巾

こしあんをつくるプロセスで必要な薄手の木綿の布巾。和菓子用サイズからロールタイプなど、さまざまな種類があります。

小豆のあんをつくる

あんこをつくる際に一番大事なのは、小豆とゆっくり向き合う気持ちです。時計を見るのも大切ですが、何よりも鍋の中の小豆の状態を優先してつくりましょう。最後の仕上げまで焦りは禁物。時間と気持ちに余裕を持って、あんづくりを始めましょう。

材料（つくりやすい分量）

小豆……………200グラム
ザラメ糖……約260グラム（粒あん）
……約190グラム（こしあん）

道具

銅鍋・蓋
ボウル２〜３個
スケール
計量カップ
ザル
へら２本〜
ミトン
濾し器３種（こしあん）
さらし布巾（こしあん）

《小豆のあんをつくる流れ》

こしあん　作業時間 およそ100分

1日目

p 13~16 **下煮** 30分
びっくり水を繰り返しながら、小豆がふっくらするまで煮る

p 17 **渋切り** 3分
煮た小豆をザルにあけて、流水で洗い、渋を切る

p 18~21 **本煮** 28分
渋切りした小豆を鍋に入れ、水を注いで煮る

p 32, 33 **1回目の濾し** 5分
粗い目の濾し器で濾す

p 34 **2回目の濾し** 5分
やや細かい目の濾し器で濾す

p 35 **3回目の濾し** 5分
目の詰まった濾し器で濾す

p 36, 37 **絞る** 5分
さらしでぎゅっと絞り、生あんにする

p 38, 39 **甘みを入れる** 5分
蜜をつくり、生あんを加えて煮る

p 40 **練る** 18分
へらで練る

こしあん出来上がり

粒あん　所要日数2日 そのうち作業時間およそ90分

1日目

p 13~16 **下煮** 30分
びっくり水を繰り返しながら、小豆がふっくらするまで煮る

p 17 **渋切り** 3分
煮た小豆をザルにあけて、流水で洗い、渋を切る

p 18~21 **本煮** 28分
渋切りした小豆を鍋に入れ、水を注いで煮る

p 22, 23 **1回目の蜜漬け** 10分と一晩
蜜で本煮した豆をひと煮立ちさせ、一晩置く

2日目

p 24, 25 **2回目の蜜漬け** 10分と半日
豆と蜜をわけ、蜜に砂糖を加えてから豆を戻し、半日置く

蜜漬け豆出来上がり

p28, 29 **練る** 10分
水分を加えて、へらで練る

粒あん出来上がり

粒あん・こしあん共通

小豆をゆでる

1日目

鍋を洗う

鍋に酢大さじ1をたらし、塩小さじ1を入れる。

たわしでごしごしと洗う。水洗いをし、空炊きして乾かす。

小豆を洗う

分量の小豆を計り、ザルにあけ、流水で洗う。

One Point
ワンポイントアドバイス

「銅鍋は酸化しやすいため、作業前に必ず洗いましょう。」

「豆についたほこりをやさしく払う程度に洗います。」

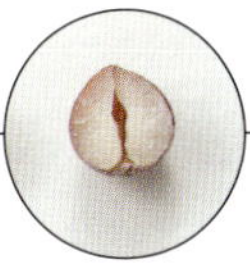

0分

下煮 30分

小豆の下煮をする

銅鍋に小豆を入れる。

小豆の3センチ上くらいまでの水を入れ、中～強火にかける。

3分

沸騰したら中火にしてびっくり水（差し水）を注ぐ

沸騰したらびっくり水を注ぎ、沸騰をおさめる。

びっくり水１回目を入れたときの煮汁。

豆にストレスを与えないように、豆と温度差のない常温の水でゆで始めます。小豆２００グラムに対して水４００mlがひとつの目安です。

びっくり水を差し始めて、火を止めるまでは、鍋の前から離れないでください。豆の様子が変化するのを注視しましょう。

びっくり水を入れることで、一度全体の温度が40度くらいに下がります。びっくり水の1度の分量は1カップを目安に。鍋の大きさにより異なるので、沸騰がおさまる量と覚えてください。

L
5分

びっくり水を繰り返し、下煮をする

沸騰してきたら、再度びっくり水を加える。

びっくり水6回目

沸騰してきたら、びっくり水を加える作業を繰り返す。

びっくり水の入れ始めは、すくった煮汁の色もまだ薄め。

小豆の表皮に含まれるタンニンなどが流れ出て、煮汁の色が濃くなってくる。

One Point

ワンポイント　アドバイス

びっくり水は小豆の下煮をする上で大切なポイントです。小豆を煮ていくと、表皮と中にある子葉部分が膨張していきます。しかし同じようには膨らんでいかないため、どうしても表皮に皺ができてしまうのです。その皺をのばすのが、びっくり水の大きな目的。表皮と小豆内部の加熱具合を同じにするための作業です。

「豆を識る」参照
p44

たっぷりの水が入る大きい鍋で小豆を煮ると、ゆっくりと火が入るため、びっくり水の回数は少なくなります。一方小さな鍋の場合は水の量が少ないため、すぐ火が入り、びっくり水の回数も増えていきます。

びっくり水を重ねていくと当然鍋の中の水量が増えるので、適宜煮汁を取り除きます。鍋の中の小豆の上3センチくらいがかぶるほどの水量を保ちます。

1日目

びっくり水9回目

すくった煮汁の色も濃厚に。ドリンクとしてなじみのある「あずき茶」はこれをベースにすることも。

びっくり水12回目

皺がのびていない小豆がないか確認目視しながら、びっくり水の回数を塩梅する。

びっくり水12回目のすくった煮汁。

「新たなびっくり水を注ぐことで、段々と小豆の渋も抜けていきます。」

「このころから小豆の胚の皺ものびてきます。」

「1回びっくり水を加えて、再度沸騰して次のびっくり水を差す間隔はおよそ2分くらいです。」

「皺がのびていないと、あんにしたときに味にばらつきが出ます。」

およそ27分

豆の皺がのびたら、
そろそろ火を止める

およそ30分

火を止める

いくら煮ても固いままの
小豆は「石豆」。
煮ている途中でも、
気がついたら取り除きましょう。

3分

0分

渋切り 3分

小豆の渋を切る

流水で洗い、渋を切る。

煮た小豆をザルにあけて煮汁を切る。

渋切りとは、びっくり水をして煮た鍋の煮汁を捨てること。煮汁の中には小豆の皮に含まれるタンニンなどの渋みや苦み成分が溶けだしています。これを捨てないと、渋みや苦みのあるあんになってしまいます。

0分

本煮 28分

豆を柔らかく煮る

3分

銅鍋に渋切りをした小豆を入れ、たっぷりの水を注ぎ、強火にかける。

One Point

ワンポイント　アドバイス

時短

水からではなく、およそ50度のお湯で始めると、煮る時間が多少短めになります。

たっぷりの水とは小豆から第一関節分ほどの高さのこと。小豆が水面から出ていると割れてしまいます。

小豆が水面から顔を出さないよう常に気をつけて。

1日目

8分
沸騰したら、ふつふつ沸く程度の火加減に落とす

15分
水分が減ってきたら、お湯を足す

20～25分
小豆を軽く押して簡単につぶれる柔らかさになったら、火を止める

下：まだ固い状態。

小豆が「ゆらぐ」程度の火加減に。灰汁や泡はそれほど気にせず、あまり取り除かなくて大丈夫。

温度が下がらないように、足すときはお湯で！　焦らず、ふつふつの状態を保ちましょう。

L 28分

L およそ25分

本煮出来上がり

固い豆と柔らかい豆がある場合は、蓋をして、しばらく蒸らす。

本煮が終った小豆をザルにあけ、重量を計る。

One Point

ワンポイント アドバイス

蓋をすることで蒸らしながら、小豆全体にゆっくりと火を入れていくイメージです。豆が割れ始めるなど、鍋の中に煮えむらがある場合は特に有効です。

軽く押してつぶれるくらいがベストの目安です。ゆでたての小豆は熱いのでスプーンの背を使ってつぶしてみても。豆の固さを見るときは、ふっくらとした豆ではなく、固そうで小さく煮崩れていないものを選びましょう。

本煮にした小豆が、「粒あん」「こしあん」づくりのベースになります。

粒あんは → p22
こしあんは → p32

小豆の粒あんをつくる

ここから20分＋置く時間が一晩と半日

L
0分

1回目の蜜漬け

10分

本煮した小豆430グラム、ザラメ糖130グラム（1回目用）を用意する。

銅鍋にザラメ糖130グラムを入れ、水400mℓを注ぎ、火にかける。

ザラメ糖を完全に溶かす。

One Point
ワンポイントアドバイス

200グラムの小豆を本煮すると今回は430グラムの量になりました。この量に対して60パーセントのザラメ糖を準備。今回は約260グラムを2回に分けて加えます。

ザラメ糖をそのまま小豆に加えるのではなく、一度蜜（シロップ）にしてから小豆と合わせていきます。ザラメ糖を始めグラニュー糖や上白糖などの砂糖類は、完全に粒子が溶けるまでにかなりの時間を要します。手間がかかるように思えるかもしれませんが、蜜にして小豆と合わせるのがおすすめです。

1日目

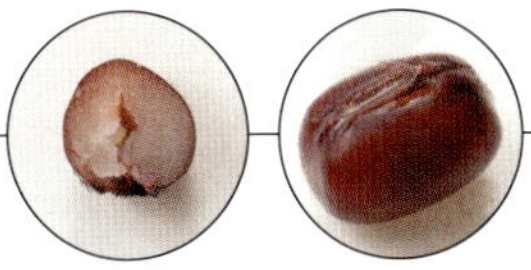

5分

小豆を入れる

本煮した小豆を加え、中火にかける。

10分

ひと煮立ちしたら、火を止める。

ボウルなどに移してラップをかけ、一晩置く。暑い時季は冷蔵庫へ。

蜜の中で小豆がひたひたになるくらいの量がベスト。鍋の中で小豆が小さく踊るくらい、緩やかに踊るくらいの火加減で。強火にすると豆が割れる可能性があります。

銅鍋の中に入れっぱなしは厳禁！　緑青（銅のサビ）の原因になります。必ずボウルなどに移しましょう。

2日目

2回目の蜜漬け

10分と半日

ザラメ糖１３０グラム（２回目用）を用意する。

0分

一晩置き、蜜を含ませた小豆。

銅鍋の上にザルを置き、一晩置いた小豆をあけ、煮汁をしっかりと切る。

煮汁を入れた銅鍋にザラメ糖130グラムを入れ、強火にかけ、溶かして蜜をつくる。

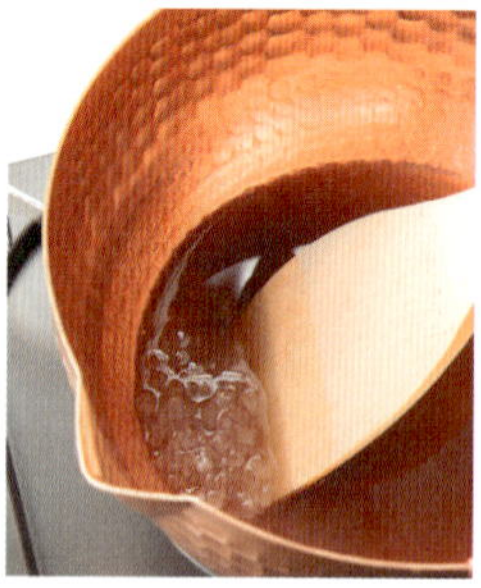

ザラメ糖が完全に溶けたら、3分ほど煮詰め、一度火を止める。

5分

小豆を入れる

煮汁を入れた銅鍋に小豆を入れ、中火にかける。

One Point
ワンポイント　アドバイス

全量の砂糖を一度に加えると、糖度が一気に上がってしまうため、小豆が固くなります。2回に分けて、ゆっくりと甘みを入れていきましょう。

2回目は、甘みが足された分だけ焦げやすくなります。小豆をつぶさないよう、全体にやさしくへらを入れて。

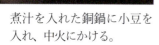

2日目

蜜漬け豆出来上がり

粒あんは → p28

L 10分　L 8分

ふつふつとしてきたら、ひと煮立ちさせ粒が残るくらいの状態で、火を止める。

ボウルなどに移して、半日置く。

風味豊かな贅沢アイス

蜜漬け豆バー

材料・お好みの型4個

（今回は直径4センチ×高さ5センチシリコン製のカヌレ型）

蜜漬け豆　250グラム

好みで塩 ひとつまみの半分

つくり方

①蜜漬け豆と水170㎖を鍋に入れ、焦げないようにやさしく混ぜながら、ひと煮立ちさせる。好みで塩を加えても。

②粗熱が取れたら、しっかりと混ぜてから、お好みの型に入れて冷凍させる。

③アイスキャンディーのように棒を入れる場合は、半分ほど固まったところで、棒を刺し、さらに冷凍庫で一晩固める。

抹茶、ミルク、小豆の涼やかハーモニー

抹茶ミルクゼリー

材料・2人分

蜜漬け豆　適量

【抹茶寒天ゼリー】
抹茶　2グラム
グラニュー糖　30グラム
粉寒天　2グラム

【ミルク寒天ゼリー】
粉寒天　1グラム
グラニュー糖　15グラム
牛乳　75グラム　＊室温に戻す

つくり方

①抹茶寒天ゼリーをつくる。抹茶とグラニュー糖10グラムをよく混ぜ合わせる。

②鍋に水200㎖と粉寒天を入れ、中火にかけて溶かす。沸騰したら、寒天がきちんと溶けたことを確認してから、グラニュー糖20グラムを入れて溶かす。

③②の鍋に①をふるい入れて溶かし、軽く沸騰させて火を止める。

④ミルク寒天ゼリーをつくる。鍋に水50㎖と粉寒天を入れ、中火にかけて溶かす。沸騰したら、寒天がきちんと溶けたことを確認してから、グラニュー糖を入れて溶かす。

⑤④の鍋に牛乳を注ぎ入れ、沸騰するまで加熱する。

⑥組み立てる。用意した器2つに、粗熱が取れておよそ50度くらいになった③の抹茶寒天ゼリーの¼量をそれぞれ静かに注ぎ入れ、冷蔵庫で10分ほど冷やし固める。

⑦⑥の器に、粗熱が取れておよそ50度くらいにした⑤のミルク寒天ゼリーの½量をそれぞれ静かに注ぎ入れ、冷蔵庫で10分ほど冷やし固める。

⑧残りの③の抹茶寒天ゼリーを弱火にかけて溶かす。火を止め、粗熱が取れておよそ50度くらいになったら、半量ずつ⑦の上に静かに注ぎ入れ、冷蔵庫で冷やし固める。

⑨いただく直前に蜜漬け豆をたっぷりとのせる。

L
0分

練る 10分

粒あんの仕上げ

「P25の蜜漬け豆から続く」

2回目の蜜漬けをした小豆を煮汁ごと銅鍋に入れ、水½カップを加えて弱火にかける。

木べらでやさしく練る。

水分がとび始め、もったりとしてくる。

木べらで全体を鍋底からこそげ返すように練り続ける。

One Point
ワンポイント　アドバイス

あんに照りやつやを出すなら、この段階で水あめ少々を加えても。ぬらしたスプーンに水あめを取り、鍋の中にゆっくりと溶かし入れます。

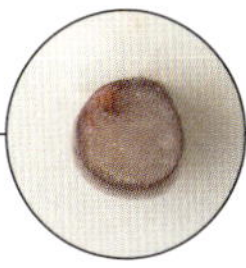

L

10分

粒あん出来上がり

返すへらが重たくなってきたら、火を止める。

木べらに少量ずつ取って、小分けにし冷ます。保存の仕方はｐ73へ。

粒あんに限らず、炊き上がったばかりのあんはまず少量に分けて、冷まします。小分けにするのは、熱を早く逃すため。冷蔵や冷凍などの保存は、すべて熱が取れてから行います。

みんな大好き！ やっぱりこの味

あんバターサンド

材料

バンズなどお好みの丸型パン

粒あん　適量

バター（有塩）　適量

つくり方

パンに切り目を入れ、粒あん適量をはさみ、5ミリ厚さに切ったバターをのせる。粒あんとバターの比率は2対1くらいがおすすめ。

電子レンジでお手軽に

おはぎ

材料・3個分

道明寺粉　25グラム
砂糖　3グラム
粒あん　100グラム

つくり方

①ボウルに道明寺粉を入れ、熱湯50㎖を注ぎながら混ぜ、なじむまでおよそ3分置く。

②①に砂糖を加えて、きちんと混ぜる。ラップをして電子レンジ（600w）で3分加熱し、そのまま5分蒸らす。

③手水をつけながら、②の生地を3つに分ける。

④3等分した粒あんを広げ、③をそれぞれきれいに包み込む。

小豆のこしあんをつくる

ここから43分
［P21の本煮から続く］

1日目

1回目の濾し

5分

本煮した小豆430グラム、目の粗さの違う濾し器3種、ボウル2個を用意する。

0分

ボウルの上に一番目の粗い濾し器を置き、本煮した小豆をあける。

一番目の粗い濾し器

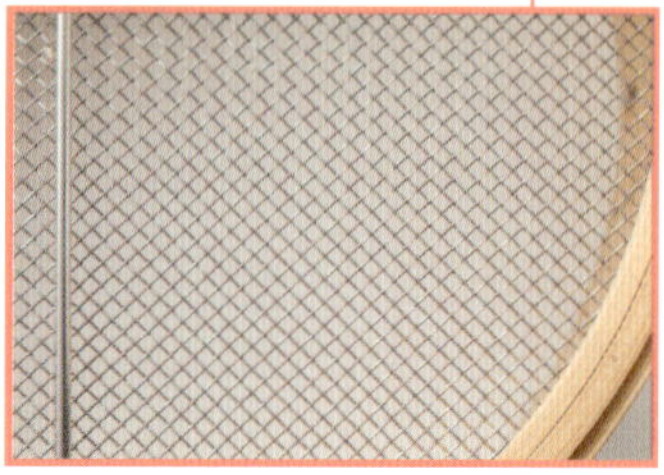

細めに水を流しながら、手で丁寧に濾していく。手のひら全体を使って、握りつぶしていくイメージで。

One Point
ワンポイントアドバイス

小豆に熱が入らないように、すべての作業は常温の水で行います。

濾すのは、小豆の粒子を取り出すため。最初の濾しは、小豆の外皮を取るのが主な目的。小豆の固い皮が残っていると、あんの口当たりが悪くなります。

小豆を濾す際に注意したいこと。①力いっぱい濾してしまうと、あんの粒子が壊れ、粘りが強く、口どけの悪い仕上がりになってしまいます。数回かけて、ゆっくりと濾していきましょう。

1回目の濾し終了。ボウルの上澄みを少し流し、静かに置いて沈殿させる。

小豆のぬるぬるした感触が取れるまで、手で丁寧に濾す。ボウルの水がいっぱいになったら、少し置いて沈殿させ上澄みを流す。もしも濾しきれなかったら、新しいボウルに変えて、同じように作業をする。

濾し器の上には小豆の皮などが残るが、これは使わない。

②流水の量が少なすぎると、濾しているときの摩擦であんの粒子が壊れます。十分な量の水を流してください。

もし小豆の白い部分があったら、それは煮え切っていないところ。濾し器の上から外しておきましょう。

感触を確認するために、手で濾します。皮を外していくイメージです。

L

5分

2回目の濾し

5分

細めに水を流しながら、手で丁寧に濾す。ボウルに水がたまりすぎたら、上澄みだけ流す。小豆のぬるぬるした感触がなくなるまで、手で濾す。

ボウルの上にやや目の詰まった濾しを置き、1回目に濾したボウルの中身を静かにあける。

2回目の濾し終了。ボウルの上澄みを少し流し、ボウルを静かに置いて、沈殿させる。

やや目の詰まった濾し器

One Point

ワンポイント　アドバイス

指全体を使って、小豆をこするように濾していくイメージで。

ボウルの下に沈んでいるのが「呉」。「あん粒子」とも言われるもので、こしあんの元になります。

2回目の濾し終了。まだまだ濾し器の上には胚などが残ります。

1日目

15分

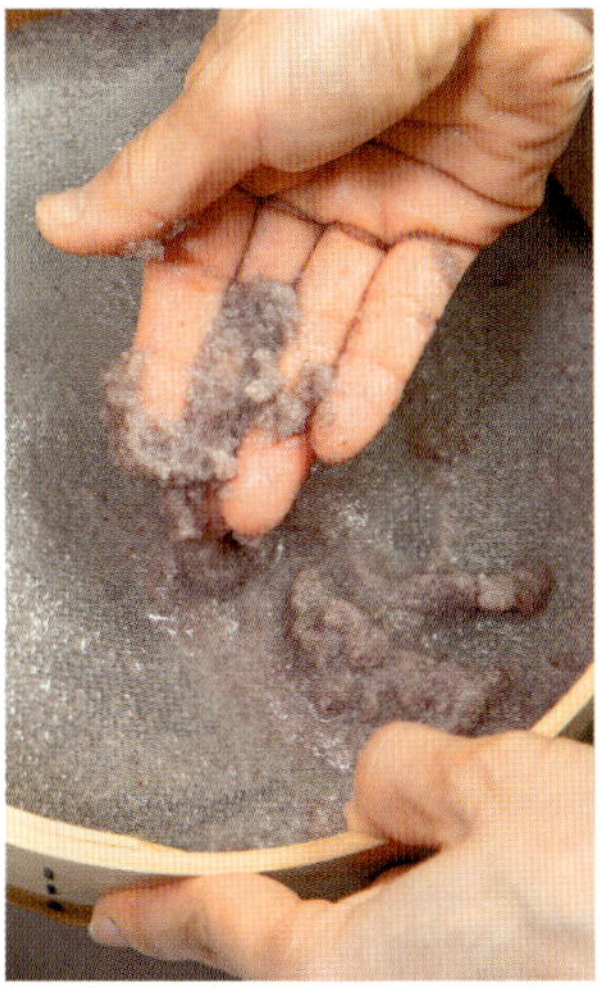

小豆のぬるぬるした感触がなくなるまで、手で濾す。

ボウルの上澄みを少し流す。ボウルの上に一番目の詰まった濾し器を置き、2回濾したボウルの中身を静かにあけ、水を流しながら、手で丁寧に濾す。

10分

3回目の濾し

5分

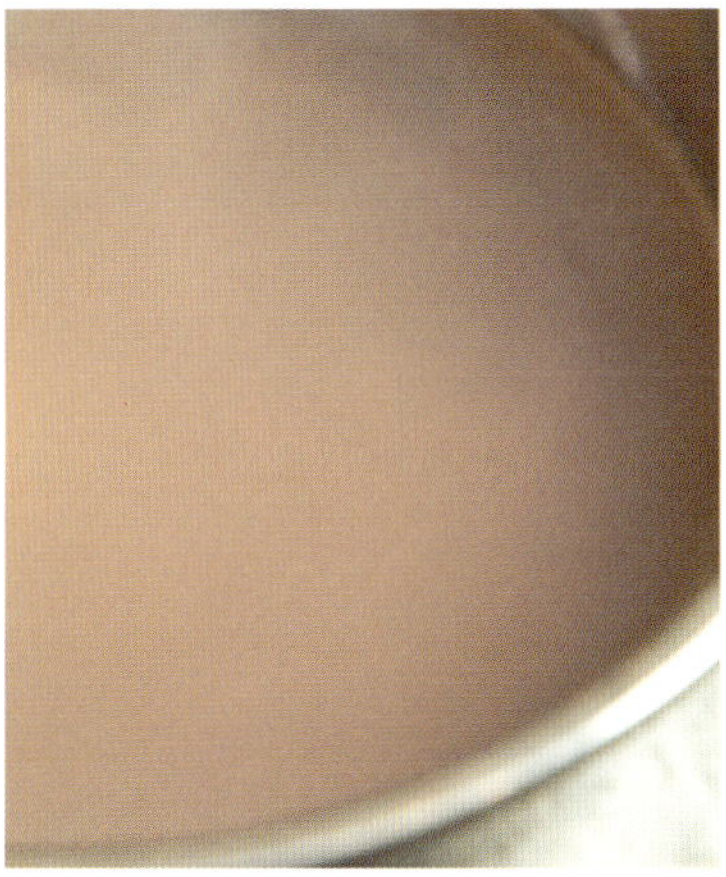

ボウルを静かに置き、水が透明になるまでしばらく待つ。

一番目の詰まった濾し器

3回目の濾し終了。濾し器の上に残る量も少なくなります。

和菓子屋さんによっては、このあとさらに濾しを繰り返すことも。何回も濾すことで、きめの細かいこしあんに仕上がります。
また、3回濾したあと、ボウルにたっぷりの水を注いでは沈殿させ、上澄みを捨てるという作業を繰り返すと、淡い色のあんに仕上がりますが風味が薄くなります。

0分

絞る 5分

生あんをつくる

新しいボウルの上にザルを置きその上にさらしを広げる。

沈殿させたボウルの上澄みを少し捨ててから、さらしの上にゆっくりと中身をすべて注ぎ切る。

One Point

ワンポイント　アドバイス

生あんとは、小豆の表皮・胚が取り除かれた「呉」のことです。生あんは傷みやすいので、つくったら一気にこしあんの仕上げまでを行いましょう。生あんの保存は不可！

さらしごと、ぎゅっと絞ってください。絞るときれいな水が出てきたら、きちんと作業ができている証です。

5分

生あん出来上がり

絞り切ったら、さらしを広げ、中にある「生あん」を取り出し、重量を計る。

中身をこぼさないようにさらしをまとめ、ぎゅっと絞る。

こしあんの元となる「生あん」。今回は小豆２００《グラム》から生あん３１０《グラム》ができました。この出来上がった生あんの量に対して、60《パーセント》の量のザラメ糖を用意します。

甘みを入れる

5分

生あんとザラメ糖（生あんの60パーセント）を用意する。

新しいボウルに水を入れ、さらしを洗い、残っている生あんも一緒に水に入れる。

銅鍋にザラメ糖186グラム（生あんに対して60パーセント）を入れ、1カップにしたボウルの水を注ぎ、強火で加熱する。

One Point
ワンポイント　アドバイス

さらしに残ったあんも貴重な生あん。もったいないので使い切ります。

弱火で作業をすると、へらを入れる回数が増えるので「呉」がつぶれ、粘りのあるあんに仕上がってしまいます。ある程度の温度を保って手早く作業します。

5分

このくらいのしゃばしゃばとした柔らかさであれば、ときおりかき混ぜるだけでOK。

2分

ザラメ糖が溶けたら、生あんをちぎるようにして鍋に入れ、中火で加熱する。
水分が足りなくなったら、お湯を足す。

ときおりへらで全体をかき混ぜる。

ここから最低15分くらいは加熱します。それは生あんに火をしっかりと入れるため。少ない水で短時間練るだけでは、生あんに甘みが十分に浸透せず、変質しやすいあんになってしまうのです。時間をかけてしっかり練るのが大切なポイントです。

沈殿は焦げの原因になります。焦げはあんこの大敵です。

L
0分

練る 18分

こしあんの仕上げ

もったりとしてきたら、鍋底からへらを入れ、あんが沈殿しないように、手を止めず、練る。

火にかけた鍋の音がばちばちと激しくなってきたら、鍋の蓋やミトンを使って、跳ねを防ぎながら、ひたすら練る。

あんがもったりしてきて、鍋からあんが飛ばなくなってきたら、もうすぐ出来上がり。

One Point
ワンポイント　アドバイス

かなりの強さであんが跳ねるので、火傷に注意してください。腕までカバーできるミトンがあると安心です。

この時点でもまだ鍋からあんが跳ね上がるので注意！

L

18分

こしあん出来上がり

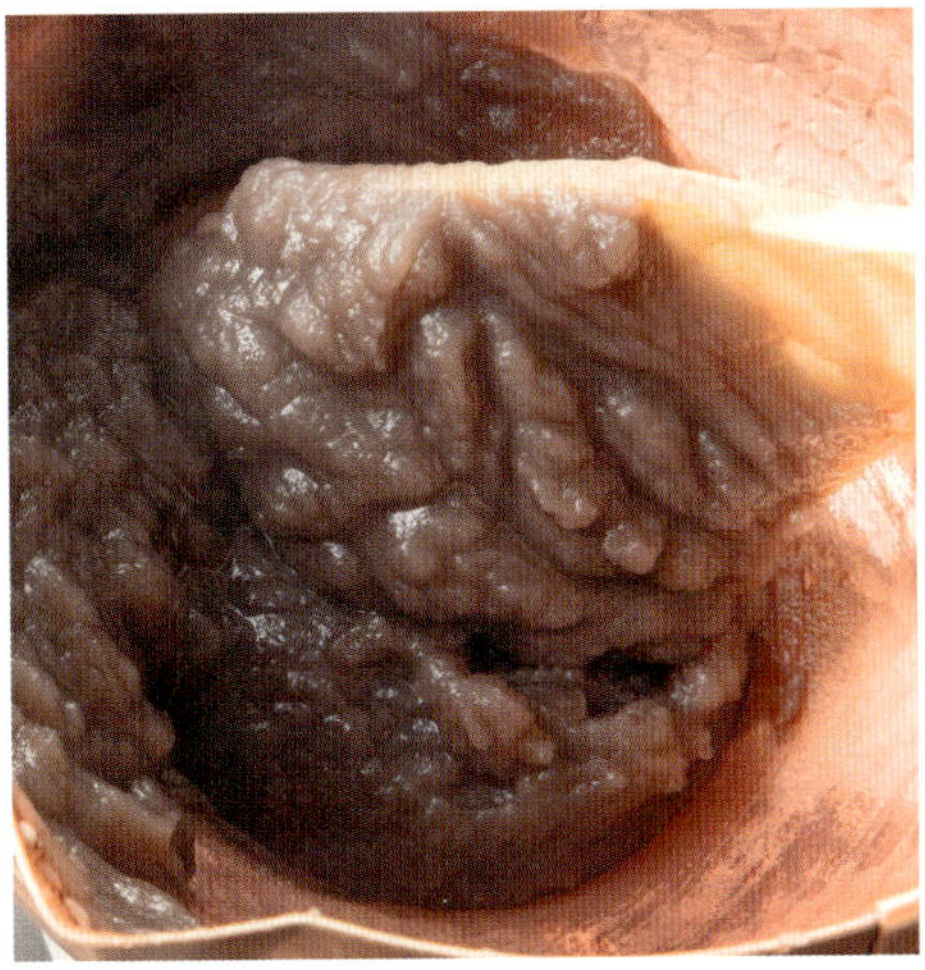

へらですくいとり、きれいな山ができる状態になったら火を止める。

銅鍋の上部の周囲にこびりついている部分に重ねるように、あんを塗り付けて、一呼吸置く。

へらですくい、バットの上に少量ずつ並べて冷ます。保存の仕方はp73へ。

こびりついて固めになってしまったあんの上に、なめらかなあんを張ると、固くなったあんに水分が行き渡り、全体がなじみます。これは均一に熱を伝える銅鍋だからできること。

あんの風味際立つ気高き味わい

水ようかん

材料・小さめのカップ2つ分

くず粉　0・5グラム
粉寒天　0・5グラム
グラニュー糖　20グラム
こしあん　80グラム

つくり方

①カップの内側を水で軽く濡らす。
②くず粉を水3㎖で溶く。
③鍋に水50㎖と粉寒天を入れ、中火にかけて溶かす。沸騰してきたら、寒天が完全に溶けたことを確認してからグラニュー糖を入れて、溶かす。
④さらに、こしあんをちぎりながら入れ、再度沸騰させる。
⑤④を少量ボウルに取り、②の水溶きくずとよく合わせ、④の鍋に戻し入れる。
⑥ふつふつと沸いてきたら火を止め、ボウルに濾して入れる。
⑦ボウルを水につけて45度以下まで冷まし、①の器にそれぞれ等分になるよう静かに注ぎ入れ、冷やし固める。

八つ橋

トッピングのフレーバーはお好みで

材料・6個分

白玉粉　50グラム　上新粉　50グラム
砂糖　50グラム　片栗粉　適量
こしあん　60グラム
ココアパウダー・シナモンパウダー・抹茶　各適量

つくり方

①ボウルに白玉粉を入れ、水130mlを少しずつ加えながら、粒がなくなるように指でつぶす。粒がなくなり、ひと固まりになったら残りの水を一度に入れ、溶かす。

②上新粉と砂糖を合わせて①のボウルに入れ、泡立て器でよく合わせる。

③②のボウルにラップをして、電子レンジ（600w）で1分ずつ加熱し、かき混ぜる。ふわっとするまで、およそ5分加熱する。

④バット全体に片栗粉を振り、③の生地を置き、およそ3ミリの厚さにめん棒などでのばす。正方形や円形など6枚に切る。

⑤④の生地についた片栗粉を刷毛で落とし、生地の中央にそれぞれ6等分にしたこしあんを置き、半分に折りたたむ。

⑥器に盛り、上から茶漉しなどでココアパウダーやシナモンパウダー、抹茶をふりかける。

豆を識る

古事記の五穀のひとつ「小豆」

日本人にはもっとも身近な豆のひとつ・小豆。お祝い事や魔除けなどにも重宝される赤色の豆は、『古事記』の五穀の中にその名があげられるほど長い付き合いです。小豆あんとして広がっていくのは、室町時代以降に砂糖の輸入が本格化してから。18世紀後半以降に、現在につながる製あん技術が大きく発達したといわれています。時代が進むにつれて、小豆の品種改良なども行われ、たびたびの渋切りが必要なくなるなどの変化はありましたが、基本的には「小豆を丁寧に煮て、あんをつくる」と流れはほぼ変わりません。

なぜ「びっくり水」が必要なのか

小豆を煮る上で、何度も繰り返すのは「びっくり水（差し水）」のプロセスです。大豆などほかの種の豆を煮るときは、それほど必要のないこの手順を重ねるのは、小豆の構造にあります。皮の柔らかい大豆などは水に漬けておくと、皮の表面から水を吸って膨らんでいきます。しかし小豆は皮が固い上に、白い筋（臍《へそ》）の先端にある「種瘤」からしか吸水しません。豆にきちんと吸水させていれば、ゆでるときに均一に熱が伝わるため、豆を美味しく煮るには欠かせないポイントになります。そして豆は急速に熱を加えると、表皮付近のたんぱく質などが凝固してバリアをつくってしまい、豆の内部まで熱湯が浸透しにくくなります。そこで一度ゆで汁の温度を下げて、豆の表皮と内部の温度差を縮め、熱水を内部まで浸透させる「びっくり水」を繰り返すという手法が取られるのです。

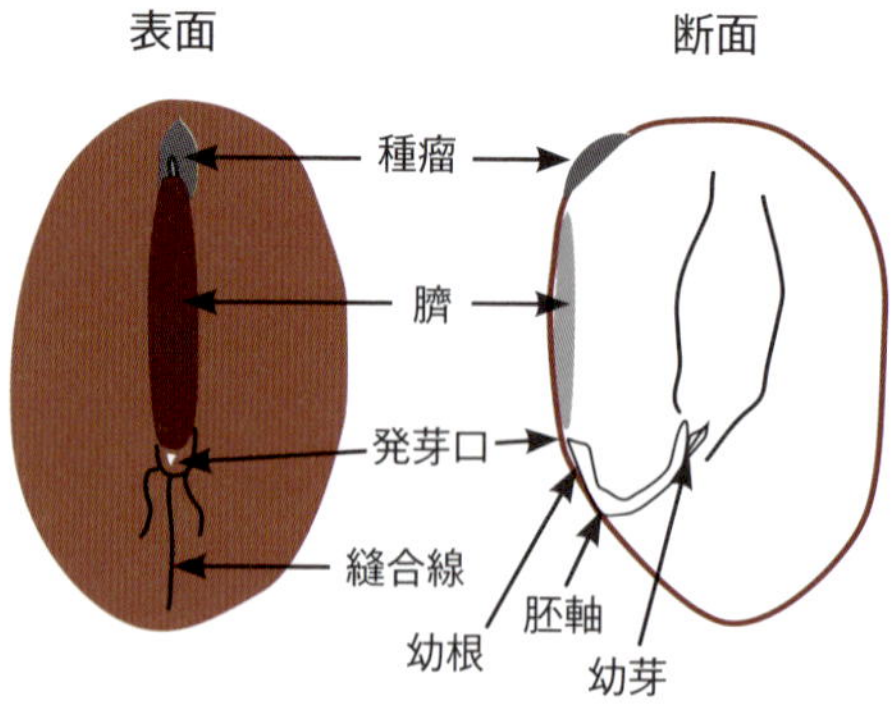

小豆の断面
品種アカネダイナゴン

あんづくり特化した小豆品種も登場

小豆は粒の大きさによって「普通小豆」と「大納言」に分類されます。直径約4ミリの普通小豆に対して、大納言は直径約5・5ミリ以上。高級和菓子店では、粒あんを使用するお菓子に大納言を用いることが多いようです。同様に白小豆を使って白あんをつくるところもありますが、白小豆は生産量が少なく、入手が難しいため、家庭ではインゲンマメの一種である「白手亡豆」がおすすめです。ですが、白小豆でつくった白あんはとても風味豊かで美味なので、ぜひ一度は使っていただきたいところです。

入手しやすい小豆として知られるのは、「きたろまん」「えりもしょうず」といった「北海道産小豆」です。最近ではあんをつくるために特化して開発された「ゆきむらさき」もプロに人気。一般には入手しにくい品種ですが、色合いの美しいあんが出来上がります。専門店に足を運べば、在来種や無農薬のものに出会えることもあるかもしれません。毎回異なる小豆品種を求めて、ご自分の好みの味を見つけるのも楽しいですね。そのときはくれぐれも違う品種、違う産年の豆は混ぜないようにお気をつけください。

えりもしょうず

ゆきむらさき

とよみ大納言

白小豆

豆類の分類

（科）（属）（種）

- マメ科
  - ササゲ属
    - あずき
      - あずき
      - 大納言
    - ささげ
  - インゲン属
    - いんげんまめ
      - 金時豆
      - 手亡
      - うずらまめ
      - 虎豆
      - 大福豆
    - べにばないんげん
      - 白花豆
      - 紫花豆
  - ソラマメ属
    - そらまめ
  - エンドウ属
    - えんどう
  - ダイズ属
    - 大豆
  - ラッカセイ属
    - 落花生

参考資料：『転作全書 第二巻 ダイズ・アズキ』（農文協）、『豆類 大百科事典』（朝倉書店）、公益財団法人 日本豆類協会

取材・撮影協力　**三栄商会**

創業 80 年以上を誇る、プロにも愛される豆・雑穀問屋。飯台に並ぶ各種豆類は店主の石川秀樹さんが産地を訪ねて厳選したもの。100グラムから購入可能。

東京都中央区築地 4-14-18 妙泉寺ビル 1 階　☎ 03(3542)1022　https://www.mame-sanei.com/

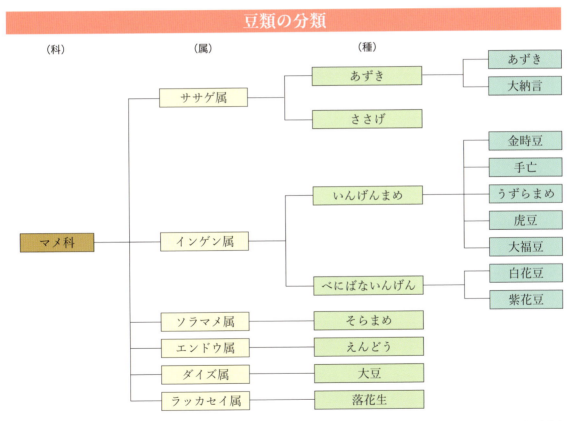

豆の種類を変えて個性を味わうリッチなあんこに

金時豆

粒の形も食感もすぐれているので
煮豆用として人気の高いインゲンマメの一種。
沖縄ではぜんざいにも使われている。

金時豆と大福豆の皮は柔らかめ。あんこにするには、
粒を残した煮方が向いています

大福豆《おおふく》

しっかりとしたうまみと風味を持つ。
高級料亭ではお正月のきんとん用の豆として
用いられることも多い。

金時豆の粒あん
大福豆の粒あん

材料・つくりやすい分量

豆（金時豆または大福豆）　200グラム
砂糖（粗ザラメ糖または上白糖）
約180グラム（本煮した豆の60パーセント）

つくり方

①豆は流水で洗い、ボウルに入れ、たっぷりの水を注いで、一晩漬ける。

②豆をザルにあけ、水気をきる。鍋に豆を入れ、豆の表面から3センチ上になるくらいまで水を注ぎ、強火にかける。沸騰して、泡が出てくるまで煮る。

③ザルにあけ、ゆで汁を捨てる。

④鍋に豆を戻し、②と同様、豆の表面から3センチ上になるくらいまで水を注ぎ、中火にかける。途中、水が減ってきたらお湯を足しながら、柔らかくなるまでおよそ30分煮る。

⑤煮えむらがある場合は、火を止めてから蓋をして蒸らし、全体に熱を回して柔らかくする。

⑥ゆで汁を捨て、煮た豆の全体量を計る。豆の全体量の60パーセントの砂糖を用意する。

⑦鍋に砂糖の半量と水100㎖を入れて加熱し、蜜をつくる。

⑧⑦の鍋に⑥の豆を入れ、ひと煮立ちさせて、半日置く。

⑨⑧の豆をザルに取ったら、鍋の煮汁に残りの砂糖を加えて再び中火にかける。砂糖が溶けたら、豆を鍋に戻し、ひと煮立ちさせて、火を止める。バットなどに取り出し、自然に冷ます。

白花豆のこしあん
紫花豆のこしあん

材料・つくりやすい分量

豆（白花豆 または 紫花豆）　200グラム
砂糖（粗ザラメ糖 または 上白糖）
約100グラム（本煮した豆の60パーセント）

つくり方

①豆は流水で洗い、ボウルに入れ、たっぷりの水を注いで、一晩漬ける。

②豆をザルにあけ、水気をきる。鍋に豆を入れ、豆の表面から3センチ上になるくらいまで水を注ぎ、強火にかける。沸騰して、泡が出てくるまで煮る。

③ザルにあけ、ゆで汁を捨てる。

④鍋に豆を戻し、②と同様、豆の表面から3センチ上になるくらいまで水を注ぎ、中火にかける。途中、水が減ってきたらお湯を足しながら、柔らかくなるまでおよそ30分煮る。

⑤煮えむらがある場合は、火を止めたら蓋をして蒸らし、全体に熱を回して柔らかくする。

⑥濾し器3種を用意する。ｐ32〜ｐ35の「小豆のこしあん」のプロセスと同様、ボウルの上に濾し器をのせて豆をあけ、細めの水を流しながら手で濾していく。段々と目の詰まった濾し器に変え、3回濾す。

⑦ｐ36〜37の「小豆のこしあん」と同様、ボウルの上にさらしを広げ、⑥をあけてぎゅっと絞り、生あんにする。

⑧きっちりと絞った生あんの全体量を計る。生あんの全体量の60パーセントの砂糖を用意する。

⑨鍋に砂糖全量、水1カップを入れて加熱し、蜜をつくる。

⑩砂糖が完全に溶けたら弱火のまま、⑧の生あんをちぎりながら入れ、へらで練る。

⑪好みの固さになったら火を止める。バットなどに取り出し、そのまま冷ます。

白花豆

ひときわ大きく、厚みのある豆は、火を通すとほくほくの食感に。ベニバナインゲン科の豆の一種。

大粒な花豆は皮も固めなので、ひと手間かけてこしあんに。
ねっとりした甘さの仕上がりが魅力です

紫花豆

同じくベニバナインゲン科の大粒な豆。鉄分やアントシアニンのほか豊富なビタミンも含んでいる。

白あんをつくる

白あんは、一般的に入手のしやすい白手亡豆を使用します。小豆と種類が異なるので、まずは一晩水に漬けるところからスタート。びっくり水の手間はありません。白あんは色合いも命。焦がさないように随時注意してください。

＊白小豆で白あんをつくる場合は、P10～の「小豆あんをつくる」と同様の手順で行います。

材料（つくりやすい分量）

白手亡いんげん豆……………200グラム
ザラメ糖……約150グラム（こしあん）
………約200グラム（粒あん）

道具

銅鍋・蓋
ボウル2～3個
スケール
計量カップ
ザル
へら2本～
ミトン
濾し器3種（こしあん）
さらし布巾（こしあん）

《白あんをつくる流れ》

粒あん
所要日数2日　そのうち
作業時間およそ70分

1日目

p 52 一晩水に漬ける 一晩

豆を洗い、
たっぷりの水に漬ける

2日目

p 54 渋切り 3分

水に漬けた豆を流水で洗う

p 55~57 本煮 50分

豆を鍋に入れ、煮る。途中一度
ゆでこぼし、渋切りをする

＊粒あんをつくる
場合は、こしあん
でつくった生あん
の一部を取り置く

p 70 甘みを入れる 5分

蜜をつくり、本煮した豆、
白あんの生あん少々を
鍋に合わせて煮る

p 71, 72 練る 13分

へらで練り続ける

白粒あん出来上がり

こしあん
所要日数2日　そのうち
作業時間およそ90分

1日目

p 52 一晩水に漬ける 一晩

豆を洗い、
たっぷりの水に漬ける

2日目

p 54 渋切り 3分

水に漬けた豆を流水で洗う

p 55~57 本煮 50分

豆を鍋に入れ、煮る。途中一度
ゆでこぼし、渋切りをする

p 58 1回目の濾し 5分

粗目の濾し器で濾す

p 59 2回目の濾し 5分

やや細かい目の
濾し器で濾す

p 60 3回目の濾し 5分

目の詰まった
濾し器で濾す

p 61 絞る 5分

さらしでぎゅっと
絞り、生あんにする

p 62 甘みを入れる 5分

蜜をつくり、生あん
を加えて煮る

p 63, 64 練る 10分

へらで練り続ける

白こしあん出来上がり

粒あん・こしあん共通

白手亡豆をゆでる

1日目

一晩水に漬ける

一晩

白手亡豆を流水で洗う。

ザルにあけて、水をきる。

One Point
ワンポイントアドバイス

「豆についた汚れを落とすように洗います。」

「作業はすべて水（水道水で可）で行います。」

ラップなどをかけ、このまま一晩置く。

ボウルに戻し、たっぷりの水を注ぐ。

白手亡豆はかなり水を吸う豆なので水はたっぷりめに。目安はボウルに入れた豆の表面から5㌢上になるくらいまでです。

温かい季節、とくに夏場は水が悪くなる可能性があるので、必ず冷蔵庫に入れましょう。

白手亡豆は固い豆なので、一晩（8時間以上）は水に漬け、しっかりと吸水させます。

0分

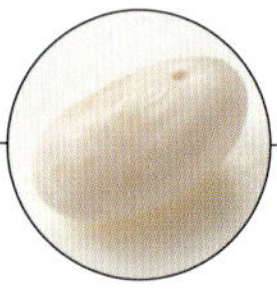

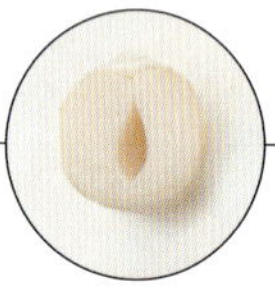

3分

2日目

鍋を洗う

鍋に酢大さじ1、塩小さじ1を入れる。

たわしでごしごしと洗う。水洗いをし、空炊きして乾かす。

渋切り 3分

白手亡豆の渋を洗い流す

一晩水に漬けた豆をザルにあけ、軽く流水で洗う。

One Point
ワンポイント　アドバイス

銅鍋は酸化しやすいので、使用前に必ず洗いましょう。しっかりと乾かすことも大切です。

一晩置いて水に溶け出した白手亡豆のクセのある渋などを切るために、まず一度水洗いをします。

あっさりめの白あんに仕上げたい場合は一晩漬けた水を捨てますが、豆の風味が感じられる白あんにするならば、漬けた水をそのまま本煮に使用します。お好みで。

0分　5分　10分

本煮 50分

豆を柔らかく煮てゆでこぼす

銅鍋に豆を入れ、たっぷりめに水を注ぎ、中火から強火にかける。

徐々に出始めた泡がぶくぶくと沸騰してきたら、火を止める。

ザルにあけ、水を流しながら、豆を洗い、渋を切る。

「水面から豆が出ていると、煮えむらの原因になります、水は多めに注ぎましょう。」

「このあと、ゆでた豆は水で洗い渋を切るので、ここで出た灰汁はきっちりと取り除かなくても大丈夫です。」

「銅鍋やザルにも灰汁がついているので、洗っておきましょう。」

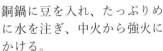

L
40分前後

L
30～40分

再び火にかける

豆が小さく躍るような状態になったら、弱火に落とす。

銅鍋に豆を戻して、たっぷりの水を注ぎ、再び中～強火にかける。

水が減ってきたら、途中で湯を足す。

灰汁が浮いてきたら、できる限りすくう。

One Point
ワンポイント　アドバイス

灰汁を丹念に取ることで、出来上がりの味わいがクリアに。

豆同士がぶつかると割れてしまうので、「ゆらぐ」状態＝豆が小さく躍るくらいの目安を保ちます。

白手亡豆を煮るときに「びっくり水」が不要なのは、小豆とインゲンマメの表皮や構造が異なるためです。またあらかじめ一晩水に漬けているので浸水が十分＝水分もたっぷり含んでいます。表皮が柔らかい小豆を一晩浸水すると、割れやすくなってしまいます。

「豆を識る」参照 → p44

2日目

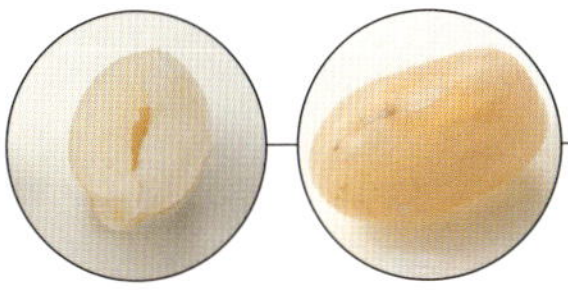

50分

45～50分

本煮出来上がり

本煮出来上がり。粒あんをつくる場合は、本煮130グラムを取り置く。

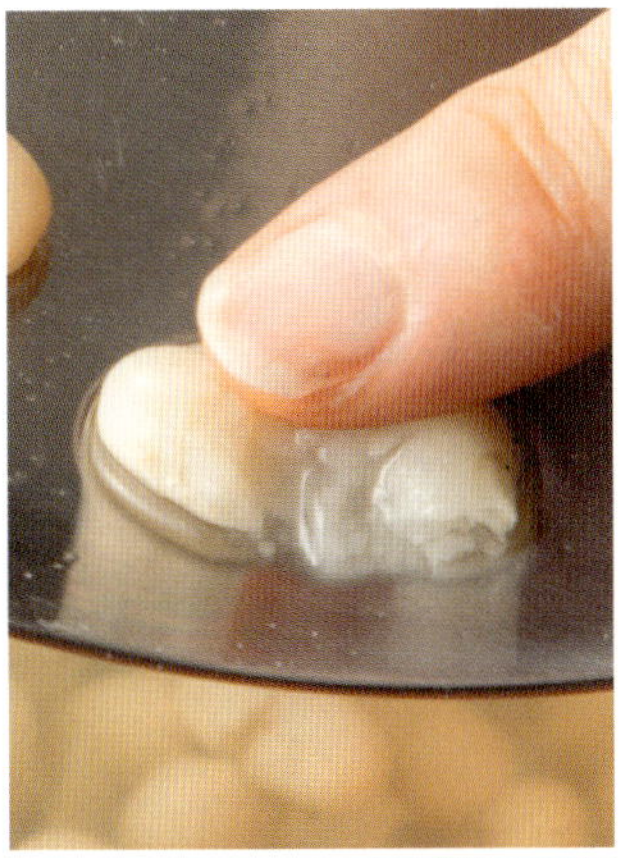

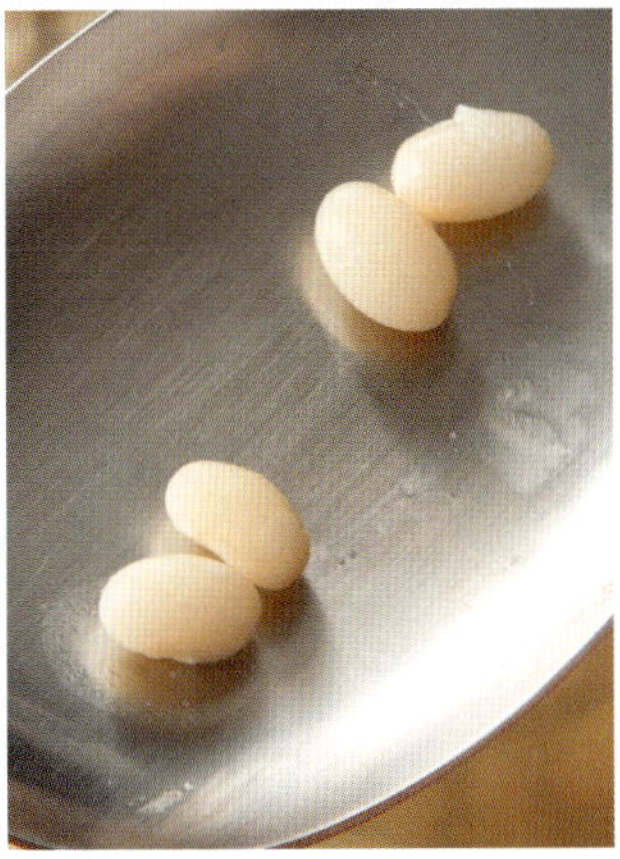

指で軽く押してつぶれるくらいの柔らかさになったら豆が崩れないよう、ザルにやさしくあけ、重量を計る。

鍋全体を目視して、火が通ってる豆と通ってない豆が混在してきたら、火を止め、蓋をして蒸らす。

火が通る豆と通らない豆のある理由。農産物である豆は、どうしてもすべて均一な質というわけではないのです。

蓋をして、全体にゆっくりと熱を入れるイメージです。

手でつぶして簡単につぶれるくらいを目指します。左の写真はまだ固い状態。豆の固さを見るときは、小粒で固そうな豆を選んでつぶします。

200グラムの白手亡豆を本煮すると今回は430グラムになりました。

こしあんは→p58
粒あんは→p70

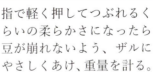

白こしあんをつくる

ここから35分

これからの手順は「小豆こしあんをつくる（p32〜41）」とほぼ同じ流れです。

0分

1回目の濾し

5分

本煮した白手亡豆430グラム、目の粗さの違う濾し器3種、ボウル2個を用意する。

ボウルの上に一番目の粗い濾し器を置き、本煮した白手亡豆をあける。細めに水を流しながら、手で丁寧に濾していく。

白手亡豆のぬるぬるした感触が取れるまで、手で丁寧に濾す。ボウルの水がいっぱいになったら、少し置いて沈殿させ、上澄みを流す。もしも濾しきれなかったら新しいボウルに変えて、同じように作業をする。

一番目の粗い濾し器

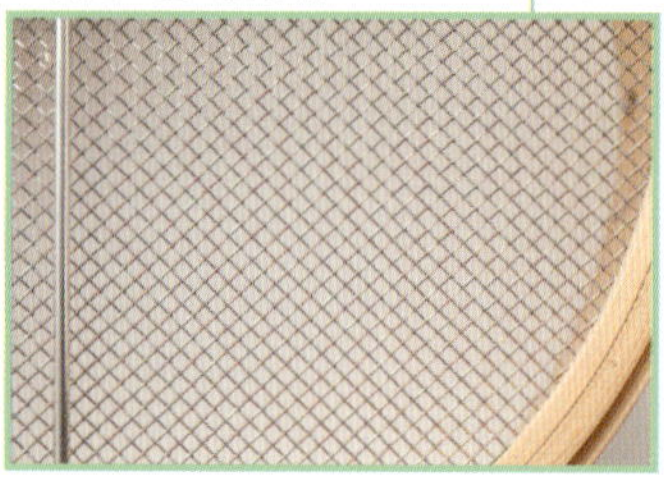

1回目の濾し終了。
ボウルの上澄みを少し流し、静かに置いて沈殿させる。濾し器の上には白手亡豆の皮やヒゲなどが残る。

One Point
ワンポイントアドバイス

「白手亡豆に熱が入らないように、すべての作業は常温の水で行います。」

「手のひら全体を使って、握りつぶしていくイメージです。」

「ボウルがすぐにいっぱいにならないよう、細めの流水で作業しましょう。」

「感触を確認するために、手で濾すことをおすすめしています。」

「濾しているうちに豆の皮や透明な豆のヒゲなどが出てくるようになります。」

L 5分

2回目の濾し 5分

白手亡豆のぬるぬるした感触がなくなるまで、手で濾す。

ボウルの上にやや目の詰まった濾し器を置き、1回目に濾したボウルの中身を静かにあけ、水を流しながら、手で丁寧に濾す。

2回目の濾し終了。
ボウルを静かに置いて、沈殿させる。沈殿させたボウルの上澄みを少し流す。濾し器の上には白手亡豆のかすが残る。

やや目の詰まった濾し器

指全体を使って、白手亡豆をこするように濾していくイメージです。

15分 0分

3回目の濾し 5分

細めに水を流しながら、手で丁寧に濾す。
白手亡豆のぬめりが完全に取れるまで、手で濾す。

ボウルの上に一番目の詰まった濾し器を置き、2回濾したボウルの中身を静かにあける。

3回目の濾し終了。
濾し器の上には白手亡豆のかすが少量残るのみ。

一番目の詰まった濾し器

One Point
ワンポイント アドバイス

ボウルの下に沈んでいるのが、白手亡豆の粒子＝「呉」、生あんとなるものです。

小豆のこしあんと同様、3回濾したあとで、ボウルにたっぷりの水を注いで沈殿させ、上澄みを捨てるという作業を繰り返すと、さらにあっさり風味の白こしあんになります。この作業をしすぎると、豆の風味が弱くなるのでほどほどに。

0分

絞る 5分

生あんをつくる

新しいボウルの上にザルを置き、その上にさらしを広げる。沈殿させたボウルの上澄みを少し捨ててから、さらしの上にゆっくりとすべてを注ぎきる。

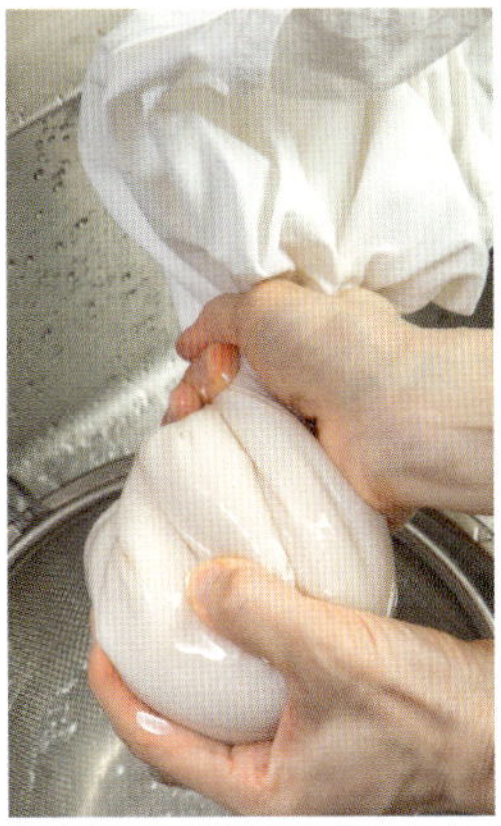

中をこぼさないようにさらしをまとめ、ぎゅっと絞る。

5分

生あん出来上がり

絞り切ったら、さらしを広げ、中にある「生あん」を取り出し、重量を計る。

こしあんの元となる「生あん」。出来上がった生あんの量で、ザラメ糖の量を決めます。

さらしごと、ぎゅっと絞って、できるだけ水分をなくします。

生あんをしっかり絞る理由のひとつは、水分が多いと傷みやすいため。また、出来上がりの計量もしやすいので、60パーセントの砂糖を準備するのも楽です。今回は白手亡豆200グラムから生あん250グラムができました。

5分　2分　0分

甘みを入れる

5分

生あんとザラメ糖（生あんの60《パーセント》）を用意する。

新しいボウルに水を入れ、さらしを洗い、残っている生あんも水に入れる。

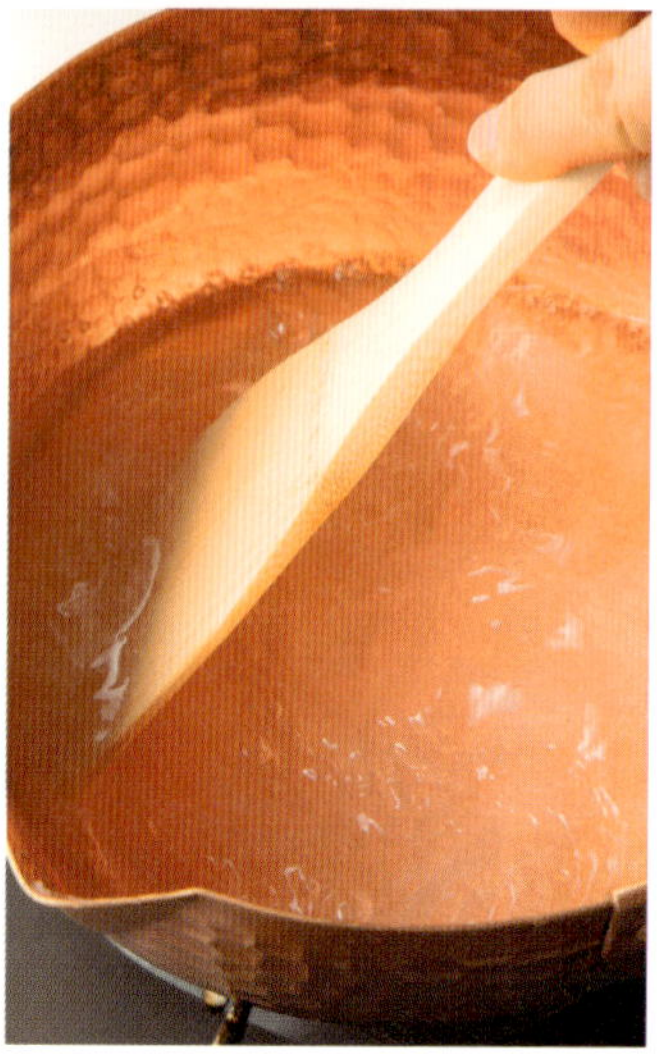

銅鍋にザラメ糖144《グラム》（生あんに対して60《パーセント》）を入れ、1《カップ》にしたボウルの水を注ぎ、強火で加熱する。

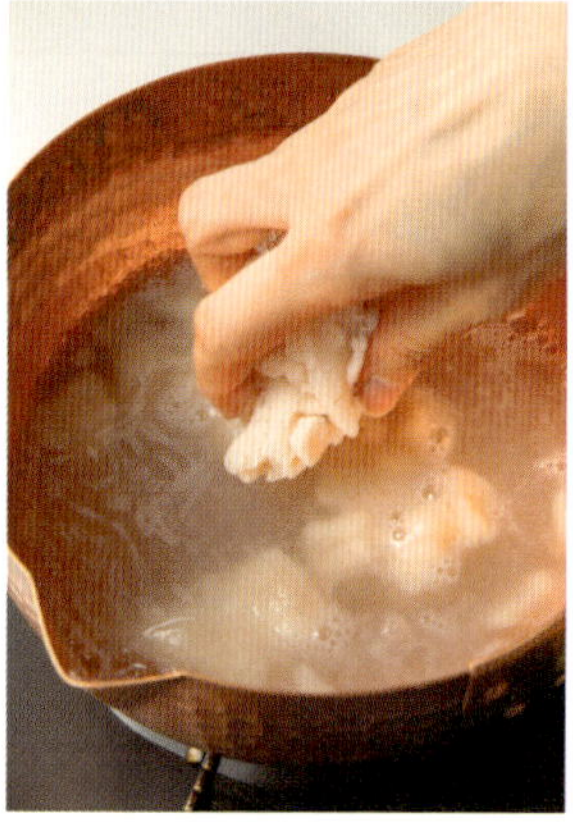

ザラメ糖が溶けたら、生あんをちぎるように鍋に入れ、中～強火で加熱する。水分が足りなくなったら、お湯を足す。

ときおりへらで全体をかき混ぜる。

One Point

ワンポイント　アドバイス

さらしに残っている生あんも無駄にしないようにします。

ザラメ糖の分量は60《パーセント》が基準ですが、好みの味に合わせて多少の増減は大丈夫です。

小豆のこしあんと同様、生あんに甘みを十分浸透させるため、しっかりと火を入れていきます。およそ15分は加熱したいものです。

2日目

練る 10分

0分 — およそ8分

こしあんの仕上げ

もったりとしてきたら、鍋底からへらを入れ、あんが沈殿しないように、ひたすら練る。

火にかけた鍋の音がばちばちと激しくなってきたら、鍋の蓋やミトンを使って、跳ねを防ぎながら、ひたすら練る。焦げないよう手を止めずに練り続ける。

あんがもったりし、鍋からあんが飛ばなくなってきたら、もうすぐ出来上がり。

「鍋の中がまだしゃばしゃばした状態のときは、ときおりかき混ぜるだけでOK。」

「沈殿は焦げの原因になります。白あんの場合は特に焦げやすいので鍋底からしっかりと混ぜましょう。」

「かなりの強さで鍋からあんが飛び跳ねるので、火傷に注意してください。」

へらですくい、バットの上に小分けにして冷ます。保存の仕方は p73 へ。

L

10分

白こしあん出来上がり

へらですくいとり、きれいな山ができる状態になったら火を止める。

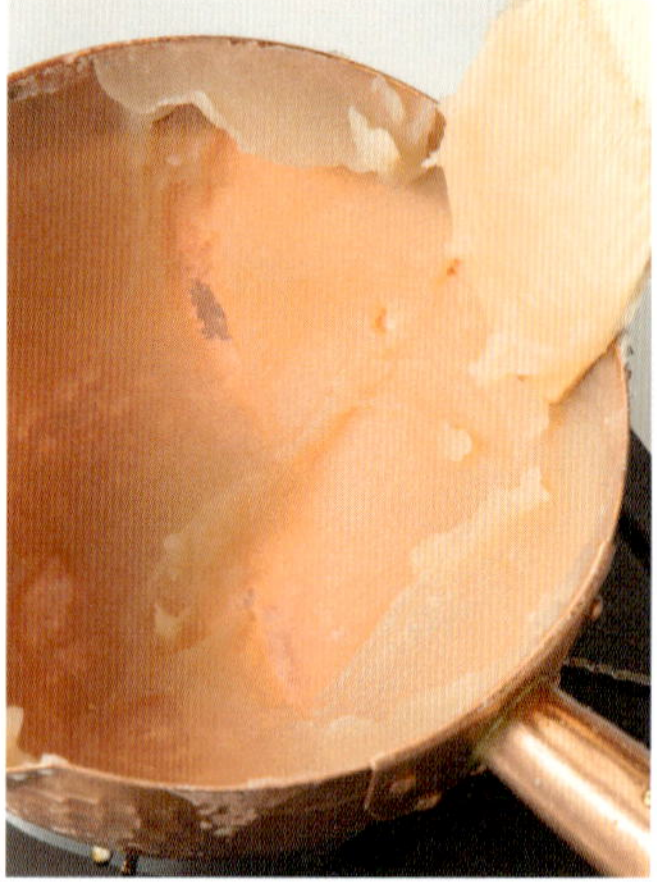

銅鍋の上部の周囲にこびりついているあんに重ねるように、あんを塗り付けて、ひと呼吸置く。

One Point

ワンポイント　アドバイス

銅鍋の鍋肌にあんを張りつけて、余分な水分を蒸発させます。また、鍋の内側にこびりついたあんをその水分で柔らかくして、なじませる目的があります。

丁寧につくった白こしあんが生きる

白いお汁粉

材料・1人前

白玉粉　50《グラム》
お好みで食紅など着色料　各適量
白こしあん　80《グラム》

つくり方

①白玉団子をつくる。ボウルに白玉粉を入れ、水（50㎖弱が目安）を少しずつ加えて指でつぶす。粒が完全になくなり、耳たぶくらいの固さになるまでつぶす。
＊各色をつける場合は、色の数だけ生地を分けて着色料を混ぜ込む。

②①を小さく丸める。

③鍋でたっぷりの水を火にかけて沸騰させ、②を静かに入れ、浮かぶまでゆでる。白玉を水にとる。

④鍋に白こしあんと水適量を入れて弱火にかけ、ひと煮立ちさせる。

⑤器に注ぎ入れ、③の白玉の水気をきって浮かべる。
＊冷たくしても美味しくいただける。

スイーツレシピ 白こしあんに＋αでフレーバーあん

和スイーツにも洋スイーツにも活躍する秋の味

栗あん

材料・つくりやすい分量とつくり方

①栗100グラムは皮と鬼皮をむき、ボウルに入れて栗がかぶるくらいまで水を注ぎ、電子レンジ（600w）で10分加熱し柔らかくする。または、皮と鬼皮をむいて熱湯でおよそ35分ゆで、柔らかくする。

②栗が温かいうちに濾し、重量を計る。重量の20パーセントの砂糖を用意する。

③ボウルに栗と砂糖を入れて混ぜ、さらに白あん20グラム～を加えて混ぜる。

＊白あんの量は、全体がなめらかになるくらいを目処に調整する。

春のお菓子には欠かせないはんなり味

桜あん

材料・つくりやすい分量とつくり方

①ボウルに水をはり、塩漬けの桜適量を入れて塩抜きをする。3～5分ほどおいたら取り出し、クッキングペーパーなどで水気をしっかりときって、刻む。

②白あん100グラム～に①を混ぜる。

＊塩抜きした桜を電子レンジやオーブンなどの低温にかけて乾燥させてから粉砕すると、白あんに混ぜやすくなる。

クリームやフルーツとも相性よし

オレンジあん

材料・つくりやすい分量とつくり方

市販のオレンジピール（甘く煮てある、しっとりタイプ）10グラムをざっくりと刻み、キッチンペーパーで水気を取り、白あん100グラムと混ぜ合わせる。

マルチに使える
和風フレーバーの王道

抹茶あん

材料・つくりやすい分量とつくり方

①抹茶1～4グラムと同量の砂糖を合わせ、熱湯で溶く。

②ボウルに白あん100グラムを入れ、①を濾しながら加えて混ぜる。きれいに混ざらないようなら、水少量を加えるとよい。

ほのかなさわやかさが
お菓子のアクセントに

レモンあん

材料・つくりやすい分量とつくり方

①市販のレモンピール（甘く煮てある、しっとりタイプ）10グラムをざっくりと刻み、キッチンペーパーで水気を取り、白あん100グラムと混ぜ合わせる。

ハロウィンシーズンの
和菓子におすすめ

かぼちゃあん

材料・つくりやすい分量とつくり方

①かぼちゃ100グラムのワタと種を取り、乱切りにする。電子レンジ（600w）でおよそ5分加熱し、串を刺してすっと通るくらいまで柔らかくする。

②①の皮をむき、濾して重量を計る。その重量の20パーセントの砂糖を用意する。

③鍋に砂糖を入れ、水1カップで溶かし弱火にかける。

④③に②のかぼちゃと白あんを加え、丁寧に練り上げる。

＊かぼちゃフレークを使う場合は、同量～倍量の水で溶き、その重量の20パーセントの砂糖を用意して、③の工程からつくる。

生地からほんのりと透ける
色合いも美しい

とりどり大福

材料・6個分

白玉粉　60グラム
砂糖　100グラム
片栗粉　適量
お好みのフレーバーあん　各15グラム

つくり方

①ボウルに白玉粉を入れ、水100mℓを少しずつ加えながら、粒がなくなるように指でつぶす。粒がなくなり、ひと固まりになったら残りの水を一度に入れ、溶かす。

②①のボウルに砂糖を加え、泡立て器でよく混ぜる。

③ラップをかけ、電子レンジ(600w)に1分かけて取り出し、ゴムべらで全体を混ぜる。

④生地がふわっとするまで③の工程を繰り返す。目安は3〜4回。

⑤バットに片栗粉を振り、④の生地を置き、6等分にする。それぞれ生地の中央に丸めたフレーバーあんを置き、きれいに包む。

栗あんでひと味違う仕上がりに

和風モンブラン

材料・1個分

ホワイトチョコレート　30グラム
最中の皮　1枚
生クリーム　60グラム〜
グラニュー糖　5グラム
フレーバーあん（栗）　50グラム
ラム酒　小さじ½〜
栗の渋皮煮または甘露煮　2個

つくり方

①ホワイトチョコレートを湯せんで溶かし、最中の皮の内側に薄く塗る。

②ボウルに生クリーム50グラムを入れ、グラニュー糖を加えて泡立て器で泡立てる。泡立て器にクリームを取ったとき、角がおじぎをするくらいの8分目まで泡立てる。

③栗のクリームをつくる。別のボウルにフレーバーあん（栗）、生クリーム10グラム〜とラム酒を加えてのばし、絞りやすい固さに調整する。

④①の最中の皮の上に②のクリームをのせる。水気をきった栗の渋皮煮または甘露煮を置き、残りのクリームをかぶせる。全体に③のクリームを絞り、栗の甘露煮を飾る。

白粒あんをつくる

ここから18分

［p57の本煮から続く］

0分　3分　5分

甘みを入れる　5分

本煮した白手亡豆130グラム、白生あん190グラム、豆と生あんの総量に対し60パーセントのザラメ糖192グラムを用意する。

鍋にザラメ糖と水1カップを入れて火にかけ、ザラメ糖を完全に溶かし、蜜をつくる。

きれいな液体状になったら本煮した白手亡豆と生あんを一度に入れる。

One Point
ワンポイントアドバイス

白手亡豆で粒あんをつくるときは、少量のこしあんを混ぜて仕上げます。というのも基本的に白手亡豆の皮は固め。皮つき100パーセントで仕上げると食感が悪くなるため、皮なしでつくったこしあんを混ぜて練り上げていきます。

7分

0分

練る

13分

火にかけた鍋の音がばちばちと激しくなってきたら、鍋の蓋やミトンを使って跳ねを防ぎ、火加減に注意しながら、練る。

中〜強火にして、鍋の底から返すように練り始める。焦げやすいので鍋底から返すようにと練り続ける。

口当たりが悪くなるので、皮などが浮き上がってきたらそのたびに取り除きます。

バチバチとした音に変わったら焦げやすくなる合図。こしあんと同様に、鍋底からへらを入れて、焦げないように気をつけましょう。あんが跳ねるので、火傷に注意してください。ここでも腕までカバーするミトンや蓋は必須！

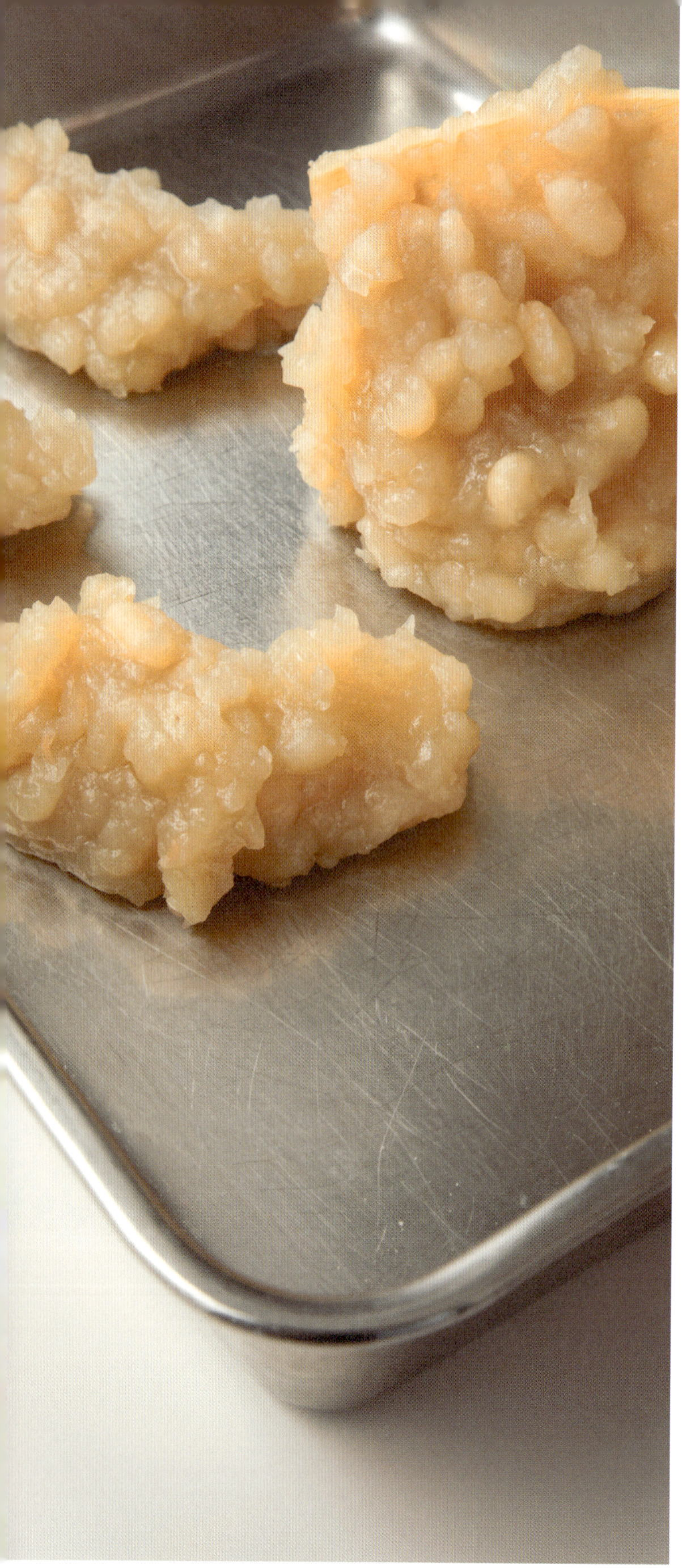

火を止める。へらですくい、バットの上に小分けにして冷ます。保存方法はp73へ。

L

13分

白粒あん出来上がり

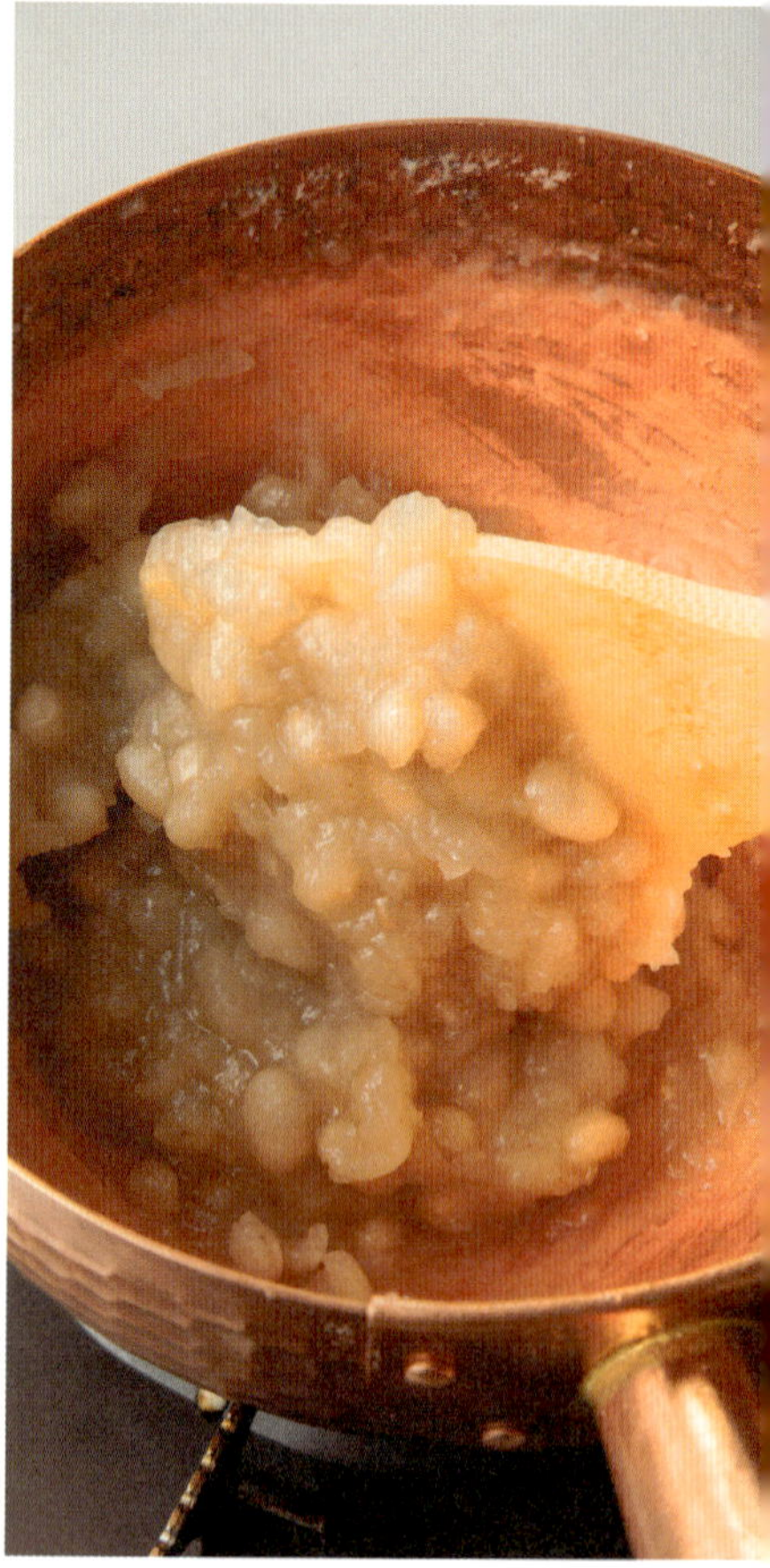

バチバチという音が少し収まり、水分がなくなってきたら、中火くらいに落としてさらに練る。鍋からあんが飛ばなくなってきて、もったりと山のようにすくえる固さになったらほぼ出来上がり。

One Point

ワンポイント　アドバイス

「火が弱いとあんに粘りが出てしまうので、できるだけ中火で行いましょう。」

あんこQ&A

Q1 出来上がったあんの保存はどうしたらいいですか。

A 空気に触れないようにラップに包んで、冷凍または冷蔵にします。

あんこができたら鍋から取り出して、バットに小分けに広げて冷まします。使いやすい量をラップに広げ、空気に触れないようにきちんと包みます。冷蔵保存ならそのまま冷蔵庫に。1週間以内、できれば2〜3日以内に使い切ってください。冷凍保存する場合は、においがつかないように密封できる食品保存袋に入れ、しっかりと空気を抜きましょう。保存してから2週間以内に使用してください。解凍は自然解凍がベスト。加熱をすると風味が変わってしまいます。

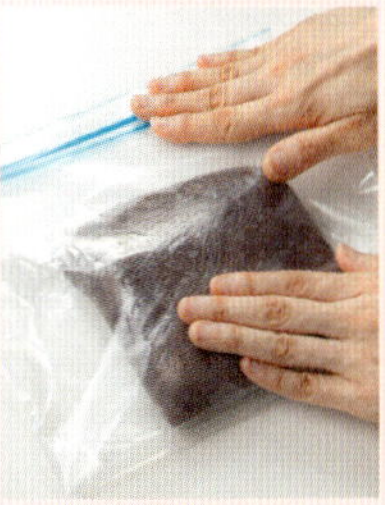

Q2 炊き上げた粒あんの小豆が固いままです。

A 2つの理由が考えられます。

①煮る時間が少ない。

②豆が古い。

いずれも鍋に戻し入れて水を足し、再度煮てください。または豆の風味は落ちてしまいますが、圧力鍋を使う方法もあります。炊き上げた豆と豆の1/3量ほどの水1/2カップを加え、様子を見ながら短時間ずつ圧をかけてみてください。

Q3 こしあんを練る最後の工程で煮詰めすぎて固くなってしまいました。

A 水少々を加えて、中火にかけて練り直してください。電子レンジを使いたい場合には、やはり水少々を加えて電子レンジにかけ、様子を見ながら少しずつ加熱していきます。

どのお菓子に使うのかによって、あんの柔らかさも変わってきます。おはぎには柔らかめ、練り切りにするなら固め。プロの職人さんも、用途に応じて、出来上がったあんに水少々を加えて練り直し、塩梅を調整しています。

Q4 あんこは一気につくらないとだめでしょうか。

A 粒あんもこしあんもつくり始めたら、手順を止めることなく最後まで仕上げてください。どうしても、という場合、粒あんは本煮したあとに冷凍庫でいったん保存は可能ですが、次に煮たときに煮崩れしがちなのでおすすめできません。あんこを炊くときは、時間と心に余裕を持ってつくり始めましょう。

あつあつの揚げたてがおすすめ

ほっこり春巻き

材料・4本分

白玉粉　50《グラム》
春巻きの皮　4枚
白粒あん　60《グラム》

つくり方

①白玉団子をつくる。ボウルに白玉粉を入れ、水（50㎖弱が目安）を少しずつ加えて指でつぶす。粒が完全になくなり、耳たぶくらいの固さになるまでつぶし、小さく丸める。

②鍋に熱湯を沸かし、①の白玉を静かに入れ、浮かぶまでゆでる。水に取り、水気をきる。

③春巻きの皮を広げ、4等分した白粒あんと②の白玉をのせ、きっちりと棒状に包む。

④180度に熱した油に③を入れ、きつね色になるまで揚げる。

白あんクリームのなめらかさを楽しむ

季節のパフェ

材料・2個分

生クリーム　100グラム
白あん　10グラム
ブルーベリーやマンゴーなど好みのフルーツ　適量
白粒あん　10グラム

つくり方

①白あんクリームをつくる。ボウルに生クリームを入れ、角が柔らかく倒れるくらいまで泡立てる。白あんを加え、さっくりと泡立て器で混ぜる。

②グラスにそれぞれ好みのフルーツを置き、①の白あんクリーム、白粒あんを層になるように重ねていく。

砂糖を識る

原料は南のサトウキビ、北のテンサイ

砂糖の原料は、沖縄県や鹿児島県など南国で育った「サトウキビ」、または北海道など冷涼地で栽培される「テンサイ（甜菜・ビート）」の2種。原料によって手順は異なりますが、サトウキビやテンサイからショ糖を抽出するところから砂糖づくりはスタートします。砂糖の主成分となるのは、抽出した液体（糖液）の中にある「ショ糖」。このショ糖の結晶化させたものが「砂糖」になります。

含みつ糖と分みつ糖

糖液からショ糖を分離させずに、煮沸濃縮したものが「含みつ糖」、遠心分離機やろ過などで結晶とみつを分けて結晶だけを取り出したものが「分みつ糖」と分類されています。たとえば、サトウキビの搾り汁をそのまま煮詰めた「黒糖」は「含みつ糖」。樹液を煮詰めてつくる「メープルシロップ」も「含みつ糖」の1種になります。

精製を行わない分、「含みつ糖」には原料のミネラル成分やコクなどもそのまま残ります。

一方、「分みつ糖」の代表格は、おなじみの「上白糖」や「グラニュー糖」。ショ糖とみつを分ける精製作業を何度も繰り返した無色透明の糖液から、一番最初に出来上がるのが「白ザラ糖」「グラニュー糖」や「上白糖」。グラニュー糖や上白糖は2番糖以降からもつくられます。「グラニュー糖」は粒が0・2〜0・7ミリと大きめ。「上白糖」は転化糖液をふりかけて仕上げているため、しっとりとした風味になります。いずれもクセのない甘みが持ち味です。

「含みつ糖」「分みつ糖」のそれぞれを使うと、どんな効果と味わいになるのかを表したのが左ページの「砂糖の特徴マップ」です。

出色の白双糖《しろざらとう》「鬼ザラ糖」の秘密

本書で主として使用しているのは、ザラメ糖の「鬼ザラ糖」（岡常製糖です）。ザラメ糖とは、ショ糖の結晶化を何度か繰り返すことで、純度を高めた大粒の砂糖です。なかでも、この「鬼ザラ糖」は結晶化を何度も繰り返すことで、限りなくミネラル分などの雑味を取り除いた平均3・7ミリの大粒な白いザラメ糖。100パーセントに近いショ糖の純度を誇ります。雑味がないため、合わせる素材の持ち味をクリアに引き出せるのが特徴。またショ糖以外の不純物をほとんど含まないことから、小豆などの素材の色合いを損ねることがありません。和菓子だけでなく、マーマレードなど果実のジャムづくり、洋菓子にもおすすめです。

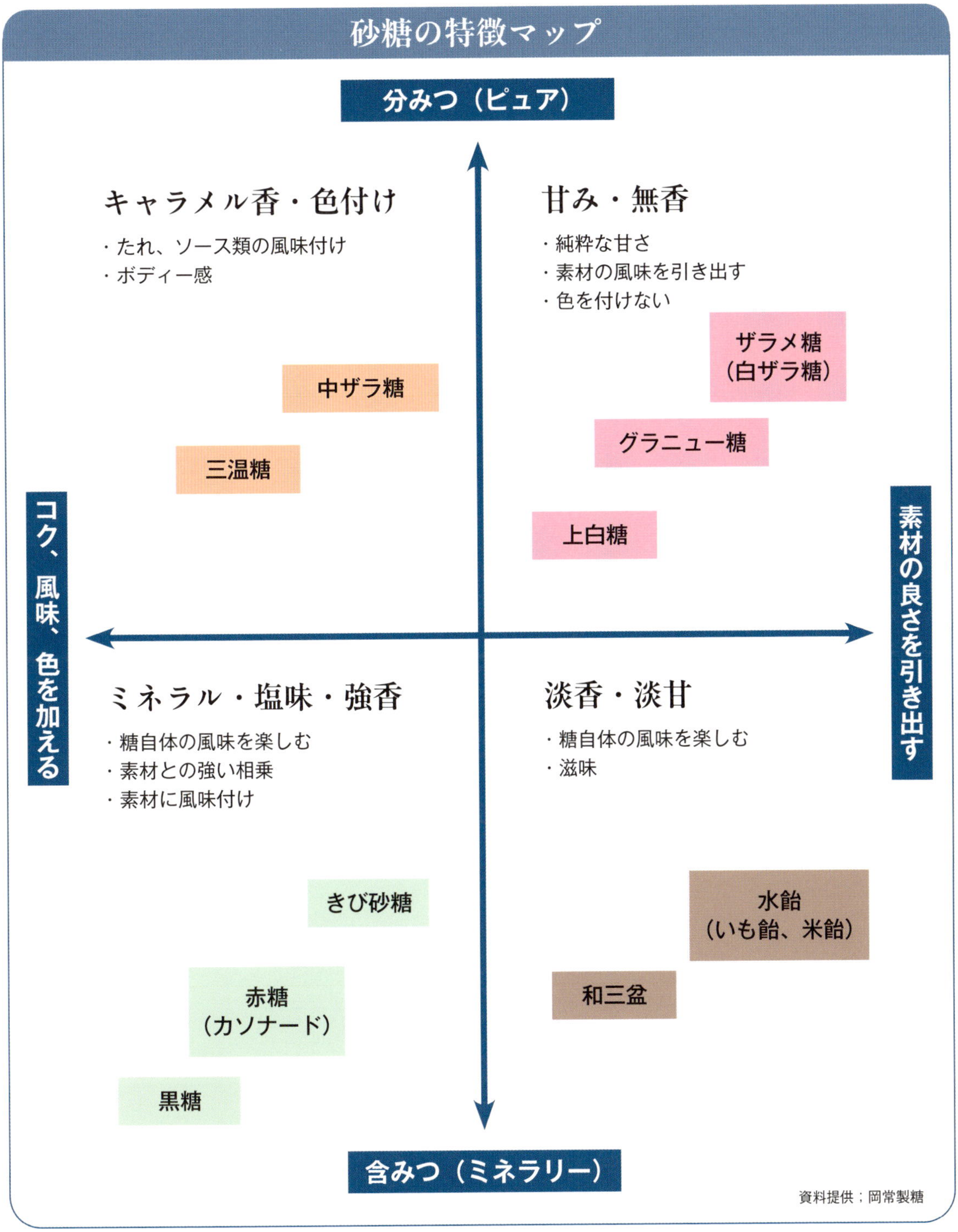

資料提供；岡常製糖

取材・撮影協力 **岡常製糖**
1880年創業の岡常グループ内で、「白ザラ糖」を中心に扱うザラメ糖専門メーカー。試作を重ねて発売された「鬼ザラ糖」はプロも大絶賛。

<鬼ザラ糖のお問い合わせ>
鬼ザラ糖　一般用 200グラム
京あめクロッシェ　オンラインショップ販売ページ
https://select.crcht.com
Café & Connect（店頭販売のみ）
https://www.sitlaus.com

時短で小豆あんをつくる

鍋でつくる　2時間
↓ p79

鍋＋圧力鍋でさらに時短　1時間
↓ p85

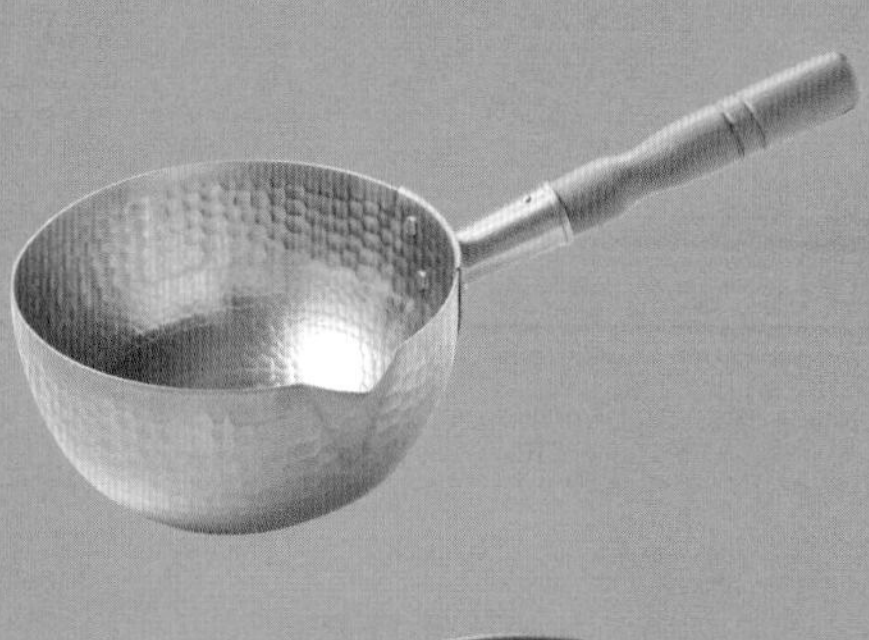

オートクッカーでつくる　1時間30分
↓ p88

さらしあんでこしあんをつくる　15分
↓ p92

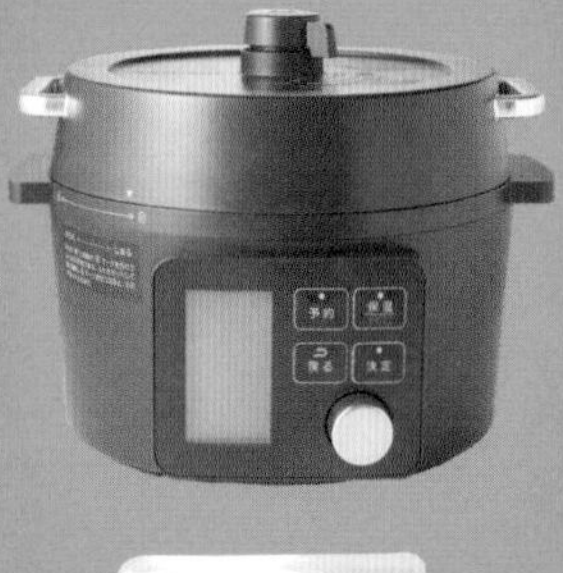

鍋でつくる

鍋ひとつでつくる時短あんです。びっくり水はせずに、豆の渋切りも甘みを加えるのも最小限にしています。短時間で豆を柔らかくしている分、小豆が割れる可能性が高く、風味の強い味わいに仕上がります。

2時間

《鍋でつくる流れ》

下煮 → 渋切り → 本煮 → 蜜漬け → 練る → 出来上がり

材料（つくりやすい分量）

小豆	200グラム
砂糖	110グラム

道具

鍋・蓋
へら
ザル
ボウル
計量カップ
スケール
落とし蓋
（クッキングシートでも）

0分

小豆を洗う

銅鍋を使用する場合は、p12と同様。酢大さじ1と塩小さじ1を入れてたわしで洗い、水洗いをしてから、火にかけて空炊きし、水気を乾かす。

小豆を流水で洗い、ザルにあける。

銅鍋は使用する前に必ず手入れをしてください。緑青の害を防ぎます。小豆の汚れをはらう程度にさっと洗います。

3分　7分　15分

下煮

小豆の下煮をする

鍋に小豆を入れて、ひたひたになるくらいまで水を注ぐ。強火にかける。

沸騰してきたら、中〜強火にする。

渋切り

小豆の渋を切る

煮た小豆をザルにあけて煮汁を切る。

One Point
ワンポイント　アドバイス

豆と水の間がおよそ3センチ、指の第一関節分くらいあいているイメージです。

びっくり水を行わないでつくると、小豆の表面と中身に均等に火が入っていきません。そのため、皮が破けたり、豆が崩れる可能性があります。渋切りの回数を減らすためふつふつの火加減にして灰汁を十分に出し切ります。煮汁が紅茶色になるくらいまで煮立たせておきます。

鍋に残った灰汁も雑味の原因に。きれいに洗っておきましょう。

18分

本煮 豆を柔らかく煮る

圧力鍋を使うなら ↓ p85

再び鍋に小豆を戻し入れ、小豆がひたひたになるくらいまで水を注ぎ、強火にかける。

23分

ぐつぐつと沸騰してきたら、弱火に落とし、落とし蓋をする

25分

弱火でことことと煮続ける。

55分

水が減ってきたら、折々に差し湯をする。

80分

小豆が指で軽く押してつぶれるくらいの柔らかさになったら、火を止める。固い豆と柔らかい豆が混ざっていたら蓋をして蒸らす

「落とし蓋をして、全体にゆっくりと火を入れていきます。落とし蓋は鍋の大きさに合わせてクッキングシートでつくるのがおすすめ。」

「水分の追加は、温度差で豆が割れないようお湯で行います。豆が割れないようやさしく注いで。」

85分

本煮出来上がり

90分

蜜漬け

鍋の小豆をザルにあけ、水気をきる。鍋を洗う。

蜜をつくる。鍋に水1カップと砂糖55グラムを入れて強火にかける。砂糖が完全に溶けたら、火を止める。

One Point

ワンポイント　アドバイス

びっくり水をしていないので豆の煮え方には、ばらつきがあります。

鍋には豆の灰汁が残っているので、ここでも必ず鍋もきれいに洗いましょう。

こっくり味のあんに仕上げたい場合は、小豆の煮汁を取り置き、次のプロセスの水の代わりに使っても。

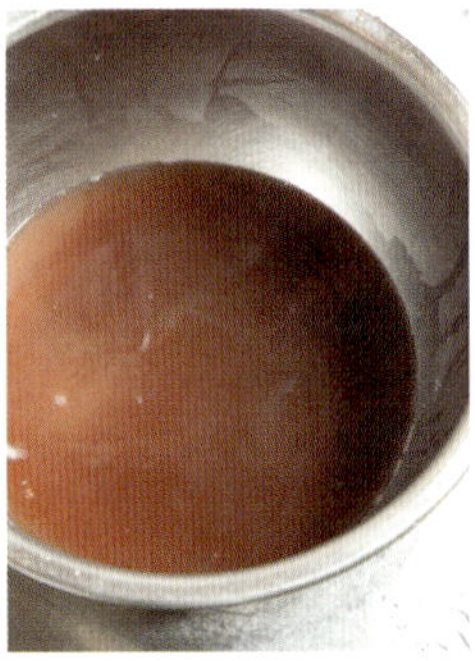

L
100分

蜜漬け豆出来上がり

砂糖が完全に溶けたら、
蜜漬け終了。

火を止めて、砂糖55グラムを入れ、再び中〜強火にかけ、かき混ぜながら完全に砂糖を溶かす。

鍋の蜜が熱いうちに、本煮をした小豆を入れ、強火にかけ、ひと煮立ちさせる。

急激に糖分を加えると、豆が割れたり、味むらができる可能性が高いので、2回に分けて甘みを入れていきます。ときおりかき混ぜて、砂糖を完全に溶かします。

ぼこぼこと沸く火加減で大丈夫です。

練る

粒あんの仕上げ

鍋を中～強火にかけ、へらを止めないように練る。

110分

鍋の中の水分がある程度飛んだら、火を止める

120分

粒あん出来上がり

One Point

ワンポイント　アドバイス

小豆をつぶさないように気をつけながら、底からすくうように、ざっくりと練っていきます。

鍋＋圧力鍋でさらに時短

1時間

渋を切るまでは鍋で、その後の小豆の本煮、甘みをいれるという手順を圧力鍋で2回にわけて行います。鍋だけでつくるよりも1時間ほどの時短になります。

《鍋と圧力鍋でつくる流れ》

下煮 → 渋切り

小豆を洗うから、渋切りをするまでは、p79～80「鍋で小豆粒あんをつくる」と同様に行う。

→ 本煮 → 砂糖を入れて練る → 出来上がり

材料（つくりやすい分量）

小豆	200グラム
砂糖	170グラム

道具

鍋
圧力鍋
へら
ザル
計量カップ
スケール

L 18分

本煮 豆を柔らかく煮る

圧力鍋に小豆と水700mlを入れ、蓋をして中火にかける。しゅんしゅんと湯気が立ってきたら弱火にして、そのまま7分かける。

One Point
ワンポイントアドバイス

圧を抜くときに急冷を行います。お手持ちの圧力鍋の取り扱い説明書で急冷が可能かどうかご確認ください。

L 25分

火を止めて、圧力を抜いて５分置く。流水を１分かけて急冷し、圧が抜けたのを確認してから蓋を開ける。

L 35分

本煮出来上がり

蓋をあけ、小豆を取り出し水気をきる。

L 40分

砂糖を入れて練る

本煮した小豆を圧力鍋に戻し、水少々と砂糖半量を加えて、中～強火にかけて練る。

One Point

ワンポイント　アドバイス

やや固めかな、と思うくらいで止めます。煮汁には灰汁や渋が出ているので、かなり濃い目のコーヒー色になります。ここで豆を水洗いすると風味が抜けてしまいます。

圧が完全に抜けていないと吹き出す危険があります。必ず圧が抜けたことを確認してから蓋を開けてください。

こっくり味のあんにする場合は小豆は取り出さず、そのまま次の工程に進みます。

45分

5分練ったら蓋を開け、残りの砂糖を加え、さらに中～強火にかけて、へらで練る。

55分

ほどよく水分が飛ぶまで、へらで練る。

60分

粒あん出来上がり

こっくり味のあんにする場合は、煮汁の中に直接、砂糖半量を加えて、中~強火で5分練ります。水分が足りない場合は適宜加えてください。残りの砂糖を加えたら、ほどよく水分が飛ぶまで練ります。

オートクッカーでつくる

1時間30分

煮る、圧力をかけるなどの機能が一台でまかなえる優秀なツール、オートクッカー。時短であんこをつくるなら、すべておまかせでできるオートクッカーはおすすめです。ただ、短時間で火や圧を入れるので、小豆の持つ甘みやうまみはあまり残りません。豆の皮感や粒感の強いあんこが出来上がります。

＊使用するオートクッカーによって、時間、モードは異なります。

材料（つくりやすい分量）

小豆……200グラム

砂糖……170グラム

道具

オートクッカー
（使用機器・アイリスオーヤマ KPC-MA2）
ザル
ボウル
へら
計量カップ
スケール

《オートクッカーでつくる流れ》

下煮（鍋モードで）
↓
渋切り
↓
本煮（圧力モードで）
↓
蜜漬け（2回に分けて鍋モードで）
↓
練る
↓
出来上がり

L 0分

小豆を洗う

豆を流水で洗い、ザルにあける。

One Point
ワンポイントアドバイス

3分

下煮

小豆の下煮をする

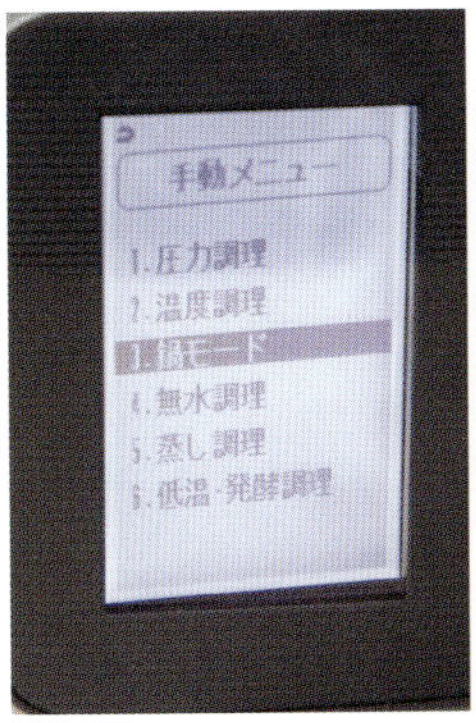

オートクッカーに小豆200グラムと水500mℓを入れ、蓋を閉めないで煮る。使用したオートクッカーは鍋モード、中程度の火力の設定。

ぶくぶくと煮立ってから5分ほどたったら、電源を切る。

25分

渋切り

小豆の渋を切る

ザルに小豆をあけて流水で洗い、渋切りをする。

オートクッカーの種類によって煮立つ時間は異なりますが、「ぶくぶくしてからさらに5分」を目安にしてください。途中、ときおりかき混ぜても。

渋切りをしたときに流した煮汁に小豆の成分が溶けだしているのがわかります。びっくり水をしないで、圧力をかけてふくらませた豆は柔らかくなりますが、うまみなどは流れでてしまいます。

L 30分

本煮 豆を柔らかく煮る

再びオートクッカーに小豆と湯500㎖を入れ、蓋をして圧力モード20分にかける。

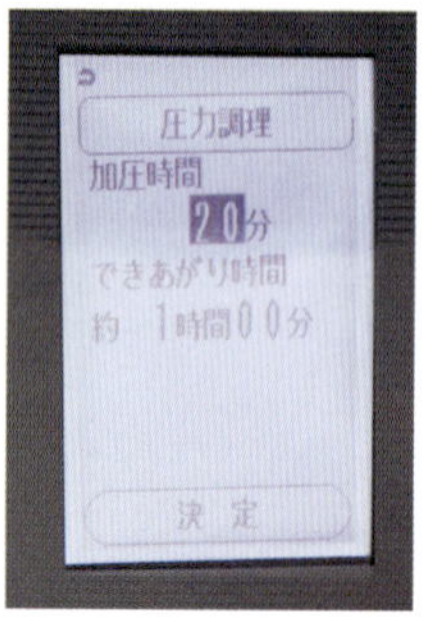

L 70分

本煮出来上がり

圧力が抜けたら、蓋を開ける。

One Point ワンポイント アドバイス

圧力をかける時間は20分ですが、その後完全に圧が抜けるまでに時間がかかります。

渋が気になるようなら、ここで一度水洗いをしても。ただし、豆の風味は多少薄まります。

70分

蜜漬け

オートクッカーで本煮をした小豆に砂糖半量85グラムを入れ、蓋を外して鍋モード、強めの火力にする。

ふつふつとしてきたら、中くらいの火力に落とす。

80分

10分経ったら、残りの砂糖85グラムを入れる。

水分が少なくなってきたら、へらでかき混ぜる。

小豆を押して軽くつぶれるようになったら完成。

90分

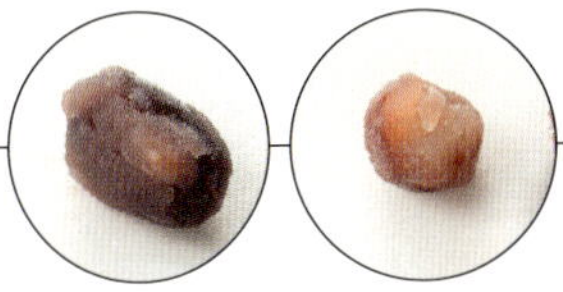

粒あん出来上がり

鍋の中の灰汁はできるだけ取り除いてください。

P83の「鍋でつくる」と同様、急激に糖分を上げないように2回に分けて砂糖を加えます。

焦がさないよう、底から全体に返すようにしてください。

さらしあんでこしあんをつくる

市販の「さらしあん」を使って、鍋でこしあんをつくります。風味や味わいは弱めですが、あんこ気分を手軽に楽しみたいときにはおすすめです。

＊さらしあんは「生あん」を粒状に加工したもの。小豆あん、白あんのどちらも市販されています。

15分

材料（つくりやすい分量）

さらしあん……1袋（150グラム）
砂糖……220グラム
塩（好みで）……少々

道具

鍋・蓋　計量カップ
へら　ミトン

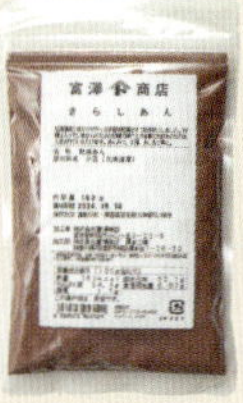

《さらしあんでこしあんをつくる流れ》

鍋で蜜をつくる
↓
さらしあんを加え、練る
↓
出来上がり

L 0分　L 3分

水400㎖と砂糖を合わせ、沸騰してきたら、そのまましばらく強火にかけ砂糖を溶かす。

砂糖が溶けたら、さらしあん粉を加える。加えたら、中～弱火で練る。

One Point
ワンポイントアドバイス

さらしあん粉を水で溶いてから砂糖を加える方法もありますが、蜜をつくってさらしあん粉を溶かすほうが、甘みの浸透が早く、焦げるなどの失敗が少なくなります。

5分

へらで練る。

もったりとしてくるまで、さらにへらで練り続ける。

鍋底が焦げつきやすいので、全体を練るようにしてください。あんのはねにも注意。

10分

へらですくってみて、山型になるくらいの固さになったら火を止める。

15分

こしあんの出来上がり

スープメーカーで 簡単お汁粉

時短であんこをつくるなら、最新の調理器具も活用したいものです。水筒状の「スープメーカー」は食材を入れ、調理に合ったスイッチを押せばすべておまかせの優秀なツール。鍋や圧力鍋でつくった本煮の小豆と上白糖を入れるだけで、なめらかなお汁粉が出来上がりました。

つくり方手順

スープメーカーに水１５０mℓ、汁気をきった本煮の小豆２００グラム、上白糖１２０グラムを入れ、ポタージュモードにかけ、30分後に出来上がり。

*いただくときに塩少々を加えると、味の輪郭が際立ちます。お好みで白玉などを加えても。

**同じつくり方で「スープモード」にすると、粒感の残る「ぜんざい風」に仕上がります。

***材料を入れ方や順番は、取扱説明書を順守してください。

使用機器　レコルト自動調理ポット

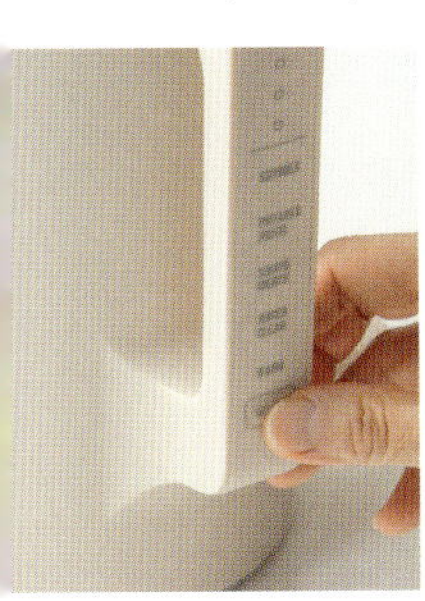

菓匠大須賀のご案内

お茶席やおもてなしに、アニバーサリーに。あなただけのプライベートな和菓子をおつくりします。種類も幅広く、主菓子《おもがし》、干菓子、饅頭、吹き寄せ、羊羹などをご希望に合わせて。古典的な和菓子だけでなく、洋の香りを合わせた味わい、モダンな創作系、愛らしいアイテムまで、お好みを伺いながら仕上げたオンリーワンのお菓子をお楽しみください。

秋の箱庭

（四季の箱庭シリーズ）

和菓子で四季の風景を描いています。メレンゲの上に洋酒香る栗あんを敷き詰め、練り切り製の松ぼっくりやお干菓子をあしらって。

鉄仙

もちもちとしたういろう生地の中には、自家製白こしあんが入っています。

花重ね

桜の練り切り。やさしい甘さの自家製あんを練り切りで包みました。

花摘みかご

練り切り製。自家製のやさしい甘さのあんを練り切りで包んでいます。

月兎

薯蕷饅頭製。丹波産・大和芋の風味と自家製あんのやさしい甘さが楽しめます。

水紋

和三盆の打ち菓子。徳島産の和三盆を使った口溶けの良いお干菓子です。

お問い合わせ先：
HP: https://www.wagashi-osuga.com
通販サイト：sanshuosuga.official.ec
Instagram: @wagashi_osuga

撮影協力	Umewaka.International 株式会社
撮　影	大見謝星斗（世界文化ホールディングス）
装丁・レイアウト	三木和彦（アンパサンドワークス）
	林みよ子（アンパサンドワークス）
編　集	露木朋子
	中野俊一（世界文化社）
校　正	株式会社円水社

本格あんこが作れる本
だれでもできる、和菓子屋の味

発行日	2024 年 9 月 30 日　初版第 1 刷発行
	2024 年 12 月 15 日　第 2 刷発行

著　者	大須賀麻由美
発行者	岸 達朗
発　行	株式会社世界文化社
	〒 102-8187
	東京都千代田区九段北 4-2-29
	電話　03-3262-5124（編集部）
	03-3262-5115（販売部）
印刷・製本	株式会社リーブルテック

ISBN978-4-418-24306-8